의미론

고려대학교 교양총서 8

의미론

이렌 탕바
장인봉 옮김

고려대학교출판부
KOREA UNIVERSITY PRESS

LA SÉMANTIQUE
by Irène Tamba

차례

서론

의미에서 의미론으로

한 학문의 탄생

의미는 우리 언어 경험의 즉각적이고 근본적인 자료이다. 예를 들어, 프랑스어 화자라면 누구나 망설이지 않고 'sauvage'〔야생의〕는 프랑스어에서 의미 있는 단어이고, 'guasave'는 그렇지 않다고 판단할 것이다. 마찬가지로, 'table'이 'table des matières'〔차례〕나 'table de cuisine'〔식탁〕에서 의미가 같지 않을뿐더러, 'se mettre à table'나 'manger le morceau'는 "faire des aveux"〔고백하다〕를 뜻하는 거의 비슷한 두 가지 방식임을 알 것이다. 하지만 이런 다양한 표현에서 'table'이 정확하게 무슨 뜻인지를 밝힐 수 있는 화자는 드물 것이다. 똑같은 언어 형태가 어떻게, 왜 다른 의미를 가질 수 있는지, 아니면 반대로 다른 형태들이 어떻게, 왜 동일한 의미를 가리킬 수 있는지 누가 설명할 수 있겠는가?

따라서 일반적으로 받아들여진 의미에서 언어학 연구의 대상이 되는 의미로 이동하는 것이 당연하지 않음을 알게 된다. 이는 언어에 고유한 의미를 연구 영역으로 삼는 언어과학의 분과로서, 의미론이 뒤늦게 출현하게 된 것을 설명해 준다. 일반적으로 'sémantique'(의미론)라는 단어의 시조로 미셸 브레알Michel Bréal을 꼽는다. 그는 1883년의 한 논문에서 의미론이라는 명칭의 새로운 의미 과학을 창시하였으며,[1] 이후 1897년 출간된 《의미론에 관한 시론*Essai de sémantique*》에서 이를 발전시켰다.[2] "단어—형태와 의미—는 단어 고유의 생애를 보내며"(《의미론》, 8), 언어학이 단어의 음성 발달 법칙을 만든 것처럼 단어의 의미 발달 법칙을 만드는 것이 비교언어학의 몫이라는 것이 주요 생각이다.

한편 이렇게 정확한 연대를 명기하는 것은 부분적으로 헛된 일이다. 왜냐하면 1988년의 초판에서 의미론의 역사를 다룬 부분에서 이미 지적하였다시피, 비록 그 명칭이 남아 있긴 하지만 오늘날 언어학자들이 '의미론'이라고 부르는 것은 브레알이 만든 의미 과학과 별 관계가 없기 때문이다. 15년이 지나서도, 언어과학의 부분적인 혁신은 다양한 이론적 접근 방법들에서 여전히 논쟁거리가 되고 있는 의미의 위상을 강조하는 것일

1 1883 : "Les lois intellectuelles du langage : fragment de sémantique", *Annuaire de l'Association pour l'encouragement des études grecques en France*, 1883, XVII, 132-142.

2 이 책에서는 1908년에 출판된 4판(Paris, Hachette)을 참조하였으며, 이후 《의미론》으로 약기한다.

따름이다.

이 책의 2, 3, 4판에서는 의미론의 발전을 따라 부분적인 개정만 이루어진 반면, 본 5판에서는 두 가지 이유로 좀더 근원적인 개편을 하게 되었다. 첫 번째 이유는 과학적인 것으로, 신경과학과 두뇌 촬영에 의해 열린 관점에 관련되는데, 이는 구조주의 언어학과 촘스키의 형식적 연구에서 나온 분석들, 연구 방법 및 의미 모델을 새로이 재평가하도록 한다. 두 번째 이유는 편집상의 문제이다. 이전에는 본문에 포함된 보조적인 참고 자료를 본문과 크기가 다른 활자체로 구분함으로써 비전문가가 쉽게 활용할 수 있게 하는 장점이 있었던 크기가 다른 두 개의 활자체를 사용했었다. '크세주Que sais-je?' 총서는 이보다 읽기 쉽고 통일된 활자체를 택하게 되었다. 따라서, 책의 전체 구성은 건드리지 않았지만, 첫 세 장章을 각각 재편성해야 했다.

의미론의 역사를 되새기는 1장은 오늘날에는 관심을 끌지 못하는 몇몇 오래된 정보들을 생략하고 새로운 발전들의 제시를 통해 연대기적 설명을 보충함으로써 전체적인 균형 회복을 꾀하였다. 2장에서는 언어학적 의미 분석 방법이 구축한, 형태와 의미 사이의 대응을 검토하였으며, 현대 의미론적 견해들에 의거하여 이론적 · 경험적 재평가를 하게 되었다. 언어들에 고유한 의미 특성에 할애된 3장은 새로운 진단서를 제시한다. 언어학자들의 수많은 현행 연구들을 조사한 결과, 순전히 언어학적인 형태와 의미 구조들이 많다는 것이 드러났다. 하지만 두뇌 촬영과 신경과학의 새로운 모델들이 보여 주는, 두뇌 활동과 어휘 범주화 사이의 점점 더 정확하고 사실임직한 상관관계에 직면하여, 언어학적 의미의 절대적인 자율성이라는 가설은 오늘날 부분적인 자율성에 자리를 내주는 경향이 있다.[3]

3 총서의 크기와 함께 가독성에 대한 바람 때문에 참고 자료들 가운데 상당 부분을 언급하지 않고 지나칠 수밖에 없었다. 본문에 인용된 저서와 논문들 외에, 일반적인 참고 문헌은 간략하나마 제일 끝에 실었으며, 소개된 저서들을 통해 독자들은 풍부한 문헌들을 참조할 수 있을 것이다. 그럼에도 저자가 감사를 표하고 싶은 이들이 있다. 조르주 클레베르와 마르탱 리젤은 이전 판들을 비판적으로 다시 읽고 많은 제안을 해 줌으로써 이번 판을 저술하는 데 귀중한 도움을 주었다. 또한 프랑시스 르노는 형식 의미론과 신경과학에 대한 많은 생각과 정보를 주었으며, 베르나르 보스르동은 유익한 토론 시간을 내 주었다. 끝으로 원고를 다시 읽고 교정 작업을 한 스테판 쿠랄레와 륀 라르센에게 감사한다.

1장

어제에서 오늘까지의 의미론

역사의 층

"명료성 탐구의 출발점은 역사이다."
레비스트로스,《야생의 사고》
(Paris, Plon, 1962 : 348)

I. 의미론, 의미론들?

오늘날 교재들은 공통적으로 언어들의 의미 있는 형태와 구조들을 통해 파악한 의미라는 연구 대상으로 의미론을 정의한다. 하지만 이들의 합의는 여기에서 멈춘다. 왜냐하면 이들은 다음의 세 가지 정의가 보여 주듯이 연구 영역을 달리 규정하기 때문이다.

1/ "의미론은 의미 연구이다."
(J. Lyons, *Eléments de sémantique*, 1978 : 9)

2/ "의미론은 단어들의 의미 연구이다."
(P. Guiraud, *La sémantique*, 1955 : 5)

3/ "의미론은 단어, 문장, 발화체의 의미 연구이다."
(P. Lerat, *Sémantique descriptive*, 1983 : 3)

첫 번째 것은 불명확한 만큼 포괄적이며, 의미에 대한 직관적인 개념에 호소하는데, 이러한 개념으로는 언어학에 특징적인 연구 대상의 경계를 그을 수 없다. 반면, 어떤 종류의 의미작용도 제외하지 않으며 따라서 다양한 의미를 조사할 수 있다는 장점을 지닌다.[4] 하지만 그 대신 의미론-화용론, 철학-논리학, 심리학-사회학의 혼합 속에서 언어들의 의미 있는 형태들의 특성을 분명하게 구분하지 못한다는 결점을 지닌다.

두 번째, 금욕주의적 어휘 의미론은 언어 의미를 어휘 단위, 단순한 단어 혹은 약호화된 표현들의 의미로 제한한다.

세 번째, 탐욕스런 화용 의미론은 의미의 세 가지 다른 조직층, 즉 단어 단위 층에서의 어휘 구조화, 문장 단위 층에서의 문법적 · 형태-통사적 구조화, 발화체 단위 층에서 담화 구조화를 공략한다.

의미론의 연구 영역만을 고려하면, 통일된 연구 대상이나 경계가 분명한 영역을 발견하지 못한다. 라이언스J. Lyons가 지적하듯이, "의미론에 대한 '의미의 연구'라는 정의가 의미론자들이 동의하는 유일한 점을 반영한다"[5]면, 우리는 그렇게 희미한 의미의 개념에 대한 그러한 동의의 가치 자체에 대해 자문해 볼 수는 없을까?

---

4 프랑스어의 'sens, signification, intention'에 대응하는 영어 'meaning'은 C. K. Ogden & I. A. Richards(1923), *The Meaning of Meaning*에서부터 A. Cruse(2002), *Meaning in Language*에 이르기까지 참고 문헌 전체에 걸쳐 나타난다.

5 *Linguistique générale*(1968), trad. franç., Paris, Larousse, 1970 : 309.

그렇다면 의미론은 한 가지 고유한 방법론적 방식의 조정으로 특징지어지는가? 이에 대한 대답도 부정적이다. 기술記述 방법들은 언어학 이론에 따라 다르며, 의미론은 다양한 언어학 분야—역사적 음성학, 음운론, 통사론—뿐 아니라 다른 학문과 기술—논리학, 수학, 전산학, 인공지능 등—에서 분석 절차와 설명 원리들을 빌려 왔다.

요컨대, 어느 관점에서 접근하든지 의미론은 통일된 이론적 파악을 회피한다. 이런 조건에서 하나의 언어학적 의미론의 환상을 좇는 것이 헛된 일은 아닌가? 현존하는 의미론들 각각의 발전을 통해, 의미론에서 문제시되는 것들 간의 연속성과 단절 관계를 알기 위해서는 역사적인 재조명으로 시작하여 의미론들을 조사하는 것이 낫다. 이러한 회고는 1955년 이후 출판된, 의미론에 대한 수많은 저서들이 초기 의미론 연구들을 잊는 경향이 있는 만큼 간략하더라도 꼭 필요하다고 하겠다. 하지만 뒤퓌J.-P. Dupuy가 지적하듯이(1999 : 35),[6] "과학만능주의적 낙관론 특유의, 자신의 역사를 잊으려는 의지는 같은 실수를 하면서 억지로 그것을 되풀이하게 되는 가장 확실한 방법이다".

II. 역사적 개관

의미론은 언어학의 한 분야이며, 의미론의 역사는 언어학의 이

6 J.-P. Dupuy(1999, 〈1994〉), *Aux origines des sciences cognitives*, Paris, La Découverte/Poche.

론적 주요 흐름에 합류한다. 편의상, 우리는 비교언어학, 구조주의 언어학, 형식문법 언어학, 인지언어학이라는 명칭으로 그 흐름을 구분할 것이다. 절대적이지는 않았지만 차례차례 우세한 위치를 점했던 이들 언어학의 영향을 고려하여, 우리는 전혀 다른 의미적 선택을 야기한 커다란 네 시기를 다음과 같이 구분했다. 1/ 역사적 어휘 의미론이 지배하는 비교언어학의 진화론 시기, 2/ 공시적 어휘 의미론으로 특징지어지는 구조주의 시기, 3/ 문장과 담화 의미론이 생겨나는 형식문법 시기, 4/ 언어의 의미 있는 형태보다는 언어활동의 인지적 차원과의 관계 속에서 의미에 관심을 갖는 개념 의미론이 생기는 인지과학 시기. 의미론의 발전만큼이나 거의 선형적이지 않은 탓에 발전 시기를 구분하는 데 어려움이 있다. 기껏해야 우리가 알아낼 수 있는 것은, 되돌아보았을 때 의미론의 역사 속에서 결정적인 전환기를 나타내기 때문에 획기적이랄 수 있는 사건들뿐이다. 이러한 시기 구분이 선행 움직임들을 무효화시키지 않는 새로운 움직임의 출현에 연동된다는 것을 보여 주기 위해, 우리는 각 시기가 끝나는 날짜가 아니라 시작하는 날짜를 제시할 것이다.

1. 진화론 시기, 1883년부터—역사적 어휘 의미론

미셸 브레알이 〈언어활동의 지적 법칙들—의미론 단장〉이라는 앞서 인용한 논문에서 의미론이라는 용어를 만든 해인 1883년보다는, 브레알이 그의 《의미론》에서 그 존재를 인정한 세례 행위에 의거하여, 의미작용에 관한 학문이 공식적으로 탄생한 해인 1897년을 사람들은 일반적으로 기억한다.[7]

> 우리를 따르도록 독자에게 권유하는 연구는 너무나 새로워서 아직 이름도 없다.[8] 사실 대부분의 언어학자들이 촉각을 세운 것은 단어의 실체와 형태에 대해서이다. 의미변화, 새로운 표현들의 선택, 그리고 관용구의 탄생과 죽음을 주관하는 법칙들은 그늘에 가려 있거나 부수적으로만 지적되었었다. 음성학이나 형태론과 마찬가지로, 이 연구는 이름을 가질 만한 가치가 있으며, 우리는 그것을 의미론sémantique(동사 'semainein'에서 유래), 즉 의미작용에 관한 학문이라고 부를 것이다

여기에서 브레알이 음성학이나 형태론과 비교하여 강조하는 의미론의 뒤늦은 태동은 무엇과 관련이 있는가? 의미가 다양한

7　말름베르크B. Malmberg는 《기호와 상징*Signes et symbole*》(Paris, Picard, 1977 : 226)에서 《의미론》에 대한 폴 발레리의 서평이 1898년 1월 《르 메르퀴르 드 프랑스*Le Mercure de France*》에 실렸다고 부기하고 있다.

8　울만S. Ullmann(*Précis de sémantique française*, Berne, Francke, 1952)은 독일에서는 1839년부터 라이지히K. Reisig가 'sémasiologie'라는 이름으로 의미에 대한 역사적 연구를 하고 있다고 지적한다. 'sémantique'라는 단어의 역사에 대해서는, A. W. Read, "An account of the word", *Semantics, Word*, 4, 1948 : 78-97 참고. 이 부분에서 라마르크J.-B. Lamarck의 반향이 들리는 것 같다. 살아 있는 실체는 "아직 기초도 없고 이름도 없으며 〔…〕 내가 생물학이라고 명명할 특정 학문의 자료"를 제공한다(1816-1817 강의, A. Fagot-Largeaot, *Philosophie des sciences*, I, Paris, Gallimard, 2002 : 497에서 재인용).

활동 그리고 인문과학과 긴밀하게 연관되어 있는 만큼, 그것은 분명 엄밀하게 언어학적인 의미작용을 분리하기 어렵다는 것과 관련이 있을 것이다. 하지만 브레알—최소한 이 때문으로라도 의미론의 창시자라는 지위는 그에게 돌아간다—은 사고와 언어활동 사이의 관계에 대한 수많은 철학적, 논리적, 심리학적 사색들과 단절하면서 어떻게 언어학적 의미작용의 자율성을 제시하게 되었을까? 이 초창기의 의미론자들에게 공통적인 견해를 좀더 자세히 살펴보면, 1857-1859년경 스펜서와 다윈이 발전시킨 진화라는 새로운 개념이 의미작용에 대한 언어과학의 출현에 결정적인 역할을 하였음을 알 수 있다. 언어학자에 따라 상당한 차이가 있음에도 불구하고, 그들의 방식은 다음과 같은 세 가지 확고한 생각에 근거한다.

1/ 의미론은 언어에서 의미작용의 진화를 연구 대상으로 한다.
2/ 이 진화는 일반 법칙에 따른 것이다.
3/ 의미 현상에 고유한 이 법칙들은 경험적 관찰로부터 도출해야 한다.

여기에서 우리는 의미론의 초기 프로그램이 당시 지배적이었던 다윈주의에서 얼마나 영향을 받았는지 알 수 있다. 의미론은 진화 법칙을 찾는다는 목표를 진화론에서 가져온다. 뿐만 아니라, 의미 사실인 현상에 대한 경험적 관찰이라는 과학적 방법도 가져온다. 본래의 의미를 찾는 데 근거한 이전의 어원학적 설명들 대신, 단어의 의미 변화에 대한 연구가 대두되었다. 그리고 규정적 문법과 수사학에 고유한 규범들의 연구, 일반 문법과 전통 논리학의 보편 원리 연구 대신, 브레알이 "일련의 현상들에서 발견되는 불변의 관계"(《의미론》: 9)라고 정의한 법칙들에 대한 탐구가 자리 잡았다. 그럼으로써 의미 변화라는 낡은 어휘-수사학적 개념으로부터 언어 의미에 대한 진화론적 발상으로 조용히 이동하였다. 니체가 말한 것처럼, 커다란 사건들은 비둘기 걸음으로 오는 것이다. 따라서 진화라는 개념은 호소력 있는 과학적 목표를 때마침 의미론에 제공한 것 같다.

그런 진화론적 관점은, 일반적으로 역사적 의미론이라고 불리고 있지만 이론의 여지가 있는 그 명칭이 은폐할 위험이 있는, 그 당시의 몇몇 특성들을 설명해 준다. 가장 주목할 만한 것은 분명 이 의미론자들이 아우르는 관찰 영역의 연대기적, 언어학적 규모이다. 시간적으로 멀리 떨어져 있고 고대에서부터 오늘날까지 알려진 모든 언어와 방언들 속에서 무작위로 끌어낸 진화 사실들을 사용하는 것은 도출된 법칙들의 일반적 타당성을 지지해 준다. 예를 들어, 한 단어의 의미들의 확장 법칙을 들 수 있는데, 브레알은 이를 다의성polysémie이라고 새로이 지칭했고(《의미론》: 143-144), 이 용어는 오늘날에도 여전히 쓰이고 있다. 그리고 《단어들의 삶*La vie des mots*》(1886)의 2부 제목처럼, '어떻게 단어들이 서로 살아가는가'를 보여 주는 공시적인 어휘 관계들 속에 숨겨져 있던 법칙들, 즉 전파의 법칙, 반응의 법칙, 동의적 경쟁 법칙을 다르메스테테르A. Darmesteter가 드러낸 것을 들 수 있다.

둘째, 진화론적 틀은 의미 사실의 연구 영역에 선험적으로 제한을 강요하지 않는다. 따라서 브레알적 시야는 의미작용에 관한 학문이라고 정의된, 의미론에 대한 아주 폭넓은 견해 속에 드러난다. 반대로 다르메스테테르는 단어들 속 의미작용 변화의 과학적 연구에 제한된 특별한 영역을 의미론에 할당한다.[9]

끝으로, 채택된 진화론적 관점은 의미론을 다윈주의라는 매력적인 깃발 아래 자연과학 쪽에 놓거나, 아니면 글로 된 어떤 흔적도 남아 있지 않은 언어 상태를 재구성하는 방법을 가지고 인도 유럽어의 비교 역사 문법이 누렸던 명성을 고려하여 역사 과학 쪽에 놓게 했다. 독일에서는, 슐라이허A. Schleicher가 제시한 유기체론이 지배적이었다. 프랑스에서는, 극소수만이 다르메스테테르의 뒤를 이어 이런 자연주의적 입장을 받아들인 반면, 브레알과 메이예A. Meillet, 그리고 이들의 추종자들이 옹호한 사회역사적 주장이 우세했다.

다르메스테테르의 저서 제목, 《의미작용에서 고찰된 단어들의 삶*La vie des mots, envisagée dans leurs significations*》의 상징적인 은유가 보여주는 유기체적 관점에서,[10] 사람들은 역사적 음성학이 세운 법

---

9 *La vie des mots* : 88(4e éd. de 1908, Paris, Delagrave) 참고.

10 다르메스테테르는 언어, 단어를 동물/식물계의 유기체와 비슷한, 지적 차원의 살아 있는 유기체와 은유적으로 동일시한다. 모든 생동하는 현상들의 진화를 맹목적인 필요성에 따라 통제하는 생물변이설의 무의식적인 법칙들에 따르는 단어들은 보존하려는 힘과 혁신하려는 힘의 길항 작용 아래, 생존경쟁과 자연도태의 길항 작용 아래, 태어나고 변화하고 사라진다(《단

칙과 같은, "절대적이고, 엄격하며 의지와 무관한" 의미 법칙들을 추구한다. 이 법칙들은 "변화하는 수많은 현상들 뒤에 있는 단순한 원인들"을 규정한다(《단어들의 삶》: 89). 반대로, 역사-사회학적 관점은 다음과 같은 두 유형의 법칙들 사이의 중요한 구분을 도입한다. 1/ 브레알이 "우리의 지능 속에 자리"를 마련한, 언어활동의 지적 법칙들(《의미론》: 314), 2/ "우리의 사고를 전달하는 데 쓰이는 특별한 대수학"을 이루는 여러 언어들의 우연적인 법칙들(《의미론》: 329).[11] 메이예가 1906년 명시한 바에 따르면, 첫 번째 법칙들은 "언어학적 사실들의 발전 〔…〕, 그것들의 생리적, 정신적 기능을 통제하는 불변의 조건들을 규정한다". 반면 두 번째 법칙들은 "그렇게 인정된 가능성들의 실현을 가능하게 하고 유발하는 변화하는 조건들"을 보여 준다.[12] 하지만, 의미작용의 진화는 세 종류의 변화가 공존한다는 것을 입증한다고 메이예는 인정한다. 형태 변형의 음성 법칙에 관련된 언어학적 변화, 상호 문화적 접촉이 가져오는 역사적 변화, 그리고 인간 제도(법률, 도덕, 종교)의 진화에 의존하는 사회적

어들의 삶》: 1-27).

11 이 구분은 'language'라는 하나의 용어가 프랑스어의 'langage/langue' 대립을 상쇄하는, 영어 의미론에서는 아무런 반향을 얻지 못할 것이다. 반대로, 'language'를 'langage'로 무의식적으로 번역하는 것은 현대 과학 문헌에 빈번한 모호성의 원인이 되었다.

12 "L'état actuel des études de linguistique générale", *Linguistique historique et linguistique générale(LHLG)*, 1921, Slatkine-Champion reprint, 1982, 15-16 참고.

변화들이 그것이다.[13] "그 변화들이 언어 외적 원인들에 직접적으로 결부되어 있다는 사실 때문에, 의미 변화들은 순전히 언어학적인 가설에 의해 복원되지는 않는다"(*LHLG* : 266)고 메이예는 생각한다. 따라서 메이예는 "단어의 의미를 변화시키기 위해, 통합되고 작용하고 반응하는 원인들의 완전하고 닫힌 체계"를 만드는 것이 필요하다고 판단한다. 그리고 그러한 체계를 인정하는 것은 사회과학들 중 한 자리를 의미론에 부여하게 될 것이다.

결론적으로, 우리는 역사적 의미론의 시작을 이끈 진화론적 경향의 역설적인 결과를 강조할 것이다. 한편으로, 이 새로운 관점은 언어학적 의미 변화의 역사적 연구라는 의미론에 고유한 연구 대상을 규명하게 함으로써, 오래전부터 내려오는 철학, 논리학, 심리학의 예속으로부터 의미론을 해방시켰다. 다른 한편으로는, 의미 진화의 일반 법칙들을 연구함으로써, 메이예의 표현에 따르자면, "언어학에게는 하나의 수단일 뿐 목적이 될 수 없는"(*LHLG* : 7) 역사의 역할을 상대화하고, 언어들 속에서 의미 변화를 설명하는 원리들을 생물학이나 사회학에 요구하게 되었다. 단어의 의미 진화를 과학적인 연구 대상으로 간주함으로써, 의미론은 자신이 완전히 통제하지 않는 영역을 갖게 되었다.

---

13 A. Meillet, "Comment les mots changent de sens", *LHLG*, 1982 : 230-271.

2. 1931년부터, 구조주의 시기—공시적 어휘 의미론

이 두 번째 시기에는 어휘 의미론의 경쟁적인 두 견해가 경합을 벌이게 된다. 즉, 이전 시기의 진화론적 의미론의 기본 방침 안에서의 역사적인 접근 방법과 새로운 공시적 접근 방법이 그것으로, 그중 공시적 접근 방법은 구조주의 언어학의 비약으로 유럽에서의 성공을 보장받게 된다.[14] 1931년 트리어J. Trier의 의미론 영역에 관한 연구, 〈오성의 의미 범주에 속하는 독일어 어휘—어느 언어 영역의 역사Der deutsche Wortschatz im Sinnbezirk des Verstandes. Die Geschichte eines sprachlichen Feldes〉는 구조주의 어휘 의미론의 출발점이다.

사료 편찬 자료에 따르면, 유럽의 구조주의 언어학은 소쉬르의 《일반 언어학 강의*Cours de linguistique générale*》(*CLG*)가 소쉬르 사후 1916년 출판되면서 확산된 랑그langue와 파롤parole의 이분법에 근거한다. "자신에 고유한 질서만을 알고 있는 체계"(*CLG* : 43)라고 정의된 랑그만이 언어학 그리고 따라서 의미론의 대상이 되며, 파롤의 영역에 속하는 모든 사용 현상들은 제외된다. 이런 이론적 경향은 단어에 대해 그 의미를 기존의 개념이나 대상에 의존하는 단순한 명칭으로 이해하지 않고, 차이를 지니는 의

14 이런 이중성은 진화론과 구조주의 관점을 통합하는 S. Ullmann, *The Principles of Semantics*, 1951(*Précis de sémantique française*, Berne, Francke, 1952), 의미 변화와 구조주의 접근 방법에 각각 두 개의 장을 할애한, 1955년 출판된 P. Guiraud, *La sémantique*("Que sais-je?")에서 분명하게 나타난다(1979, 9판).

미작용,[15] 즉 가치valeur를 끌어내는 어휘 관계 체계의 요소나 용어로 이해하게 한다. 한 언어의 주어진 역사적 상태에 대해 정해진 이 가치들은 각 특정 어휘 체계의 전반적인 진전에 따라 변하도록 되어 있다. 그러므로 의미론은 한 언어의 어휘 구조에 대한 공시적 연구를 대상으로 삼을 것이다. 그리하여 의미론의 이전 진화론적 견해를 무효화하진 않으면서 그것을 대신할 선택 모델이 발전하게 된다. 사람들은 목록nomenclature을 구성하는 단어들의 총합 혹은 어휘목록vocabulaire과 대립되는 개념으로 한 언어의 어휘 단위들의 구조화된 집합은 어휘lexique로, 이러한 공시 체계의 연구는 어휘학lexicologie이라고 부르면서, 이 두 접근 방법을 구분하려고 하였다.[16]

하지만 이런 공통된 견해에도 불구하고, 공시적 어휘 의미론, 즉 어휘학은 통일된 실행 조직체에 귀착되지 않는다. 여기에서 가장 중요한 두 가지 기여를 기억해야 할 것이다. 그것은 의미 영역 이론과 의소 분석으로, 이 둘은 독립적인 다양한 단위들, 즉 영역으로의 어휘 구조화를 지지하는 자들과 의미의 최소 요

---

15 '의미sens'/'의미작용signification'의 전문적인 사용은 흔히 상호 교환 가능한 동의어로서 사용되는 일상 용법에 대립된다. 하지만, 용어에 대한 어떤 합의도 없는 이상, 각 이론에 적합한 정의를 따르는 것이 바람직하다. 다른 학자들이 'signification'이라고 부르는 것을 어떤 언어학자들은 'sens'라고 부르기도 하고, 그 반대의 경우도 있다.

16 단어들 사이의 "통합적이고 연합적인 관계"에 대한 연구라는 의미에서 "어휘학lexicologie"(*CLG* : 187-188)이라는 용어를 처음 사용한 것은 소쉬르이지만, 그것을 사전학lexicographie, 의미론과 구분하여 사용한 것은 마토레G. Matoré이다(*Méthode en lexicologie*, Paris, Didier, 1953 : 13).

소들로부터 출발해서 어휘의 전반적인 구조화를 지지하는 자들의 분화를 확고하게 한다.

1924년 입센G. Ipsen이 시작한 영역 이론은 주로 독일과 프랑스 언어학 학파에서 발전되었다. 독일에서는 1931년과 1934년 사이에 트리어가 한 언어의 어휘목록은 구조화된 부분집합, 즉 유한한 수의 단어들로 뒤덮인 개념적 범위들의 경계를 정하는 영역으로 구성된다는 가설을 내세운다. 그는 이처럼 개념 영역Sinnfeld과 어휘 영역Wortfeld를 연결하는, 어휘에 대한 새로운 구조주의적 접근 방법을 시도한다. 이 영역 의미론은 독일에서는 주로 코제리우E. Coseriu, 게켈러H. Geckeler, 바이스게르베르크L. Weisgerberg, 발딩거K. Baldinger, 헤거K. Heger의 연구와 함께 시작된다. 이것은 상호 보완적인 두 개의 방식을 드러나게 한다. 즉 하나는 명칭론onomasiologique이라고 불리는 것으로 개념적 범위에서부터 그것을 포함하는 단어로 이동하는 방식이고, 다른 하나는 어의론sémasiologique이라고 불리는 것으로 이는 반대로 단어로부터 출발해서 개념 영역의 의미 내용을 정의하는 것이다.[17] 이 연구들은 사전학에도 영향을 끼쳤다. 예를 들어 할리히R. Hallig와

---

17 예를 들어, 색깔 어휘목록이 어의론 연구 영역을 구성하며 선호되었다. 이 이중 접근 방법은 미국에서 범주화에 대한 연구를 재개하게끔 한다. 우선 소위 사피어-워프Sapir-Whorf의 언어-문화적 상대주의 가설과 함께 인류학에서(B. L. Whorf, 1956, *Language, Thought and Reality*, trad. franç., *Linguistique et anthropologie*, 1969, Paris, Denoël), 그리고 훨씬 후에 심리학에서(B. Berlin & P. Kay, 1969, *Basic Color Terms : Their Universality and Evolution*, Berkeley, University of California Press) 그러했다.

바르트부르크W. von Wartburg는 사전의 어휘 항목을 알파벳순으로 분류하는 대신, 개념적 집합 용어를 재편성하는 관념적 분류를 택한다(*Begriffsystem als Grundlage für die Lexicographie*, 1952).

프랑스에서는 1950년대부터, 영역 의미론이 사회역사적 방향으로 기운다. 마토레G. Matoré는 새로운 개념의 출현을 기재하는 지표어mots témoins와, 예를 들어 낭만주의 시대 예술의 의미 영역 도식처럼 그 관계를 시각화하는 도식으로 의미 영역을 조직고 등급을 매기게 해 주는 일종의 자극磁極인 핵심어mots clés 주위에 조직된 어휘 영역champs lexicologiques(1953)을 정의한다. 한편, 뒤부아J. Dubois, 길베르L. Guilbert, 크마다B. Quemada는 범위가 정해진 어떤 시기에, 비행, 문화, 유행 영역 같은 전문 영역의 어휘 구조화를 연구한다. 그레마스A. Greimas는 문학작품을 구조화하는 의미 영역을 구축하고, 기로P. Guiraud는 잘 정의된 연대기적 경계가 정해진 자료체로부터 주제 영역champs thématiques의 주제어mots thèmes와 핵심어mots clés를 발견하기 위해 통계를 사용한다. 독일에서와 마찬가지로, 의미 영역에 대한 프랑스의 이런 접근 방법은 사전학에 영향을 미친다. 특히 사전의 목록과 어휘 단위의 의미 기술을 변화시키는 데 기여한다. 예를 들어, 뒤부아는 전통적인 어원적 관점 대신, 분포적이고 파생적인 일련의 기준을 사용하는 공시적인 관점을 택하면서, 표제어를 통합하거나 분류한다.[18] 마찬가지로, 한 어휘 표제어의 의미들과 분할은 통

18 예를 들어,《현대 프랑스어 사전*Dictionnaire du français contemporain*》은 'opération'에 대해 형태-의미적 재편성을 통해 구분된 두 개의 표제어를 제시

합적인 어휘 관계 체계(연결, 분포, 논항 구성)와 계열적인 어휘 관계 체계(반의성, 동의성, 함축[19])를 활용한다.

의소 분석은 어휘 구조화의 또 다른 방식을 제안한다. 이는 형상소, 의소, 자질 등 다양한 명칭을 가질 수 있는 유한한 수의 기본 의미 구성 요소로 어휘 단위의 의미를 나눌 수 있다는 가설에서 출발한다. 음운론 모델을 모방한 이 분석은 덴마크 언어학자 옐름슬레우L. Hjelmslev(《언어 이론 서설*Prolégomènes à une théorie du langage*》, 1943[20])가 자신이 언어에서 식별한 서로 밀접한 두 개의 조직 차원, 즉 표현의 형태 차원과 내용의 형태 차원 사이의 동형성isomorphie 원리를 제시하면서 제안하였다. 예를 들어 내용의 형태는 표현의 형태 차원에서의 음소에 대응하는 궁극 변수인 의미 요소로 나뉘는데, 이 요소들은 나뉠 수 없고, 고립된 상태에서는 존재하지 않는다.

의소 분석의 궁극의 야심은 이 의미적 기본 개념의 일종의 알파벳을 만들고, 여기 언어들의 어휘에 고유한 조합 법칙들을 끌어내는 것이었다(L. J. Prieto, 1954; H. Sörensen, 1958; A. Greimas, 1966 참고). 하지만 이 최소 단위를 찾는 것은 사변의 단계를 넘어서지 못했다. 반면 의소 분석은 어휘 영역의 훨씬

한다. 즉 'opération₁ chirurgicale'〔외과 수술〕은 'opérer'에 연결되어 있지만, 'opération₂ arithmétique'〔사칙 연산〕은 그렇지 않다.

19 포르치히W. Porzig는 1934년부터 'chien'〔개〕과 'aboyer'〔짖다〕를 연결하는 함축 유형의 의미 함축에 관심을 가졌다.

20 1953년 영어로, 1968년 프랑스어로 번역되었고, 여기에서 용어들은 이들을 따른다.

제한된 영역에서 이항 대립(어떤 자질이 있는가 없는가)에 기초하여 변별 자질traits distinctifs에 의한 기술의 효과적인 방법을 만들었다. 예를 들어, 포티에B. Pottier는 몇몇 관여적인 변별 자질을 사용하여 'sièges'〔의자〕의 영역을 구성하는 어휘소 집합을 기술한다(1963).[21] 또한 바인라이히U. Weinreich, 뒤부아, 기로는 그들의 사전적 정의에서 '+/- 인간'과 같이 상당한 보편성을 지니는 변별 자질을 사용한다. 이런 구조주의적 분석 유형은 다른 분야(고고학[22]과 친족 인류학[23])에서도 발전한다. 이런 공시적 어휘 의미론은 유럽의 구조주의 언어학에 연관되어 있음을 주지하자. 행동주의의 영향을 받은 미국의 구조주의는 아메리카 인디언 언어를 기술하는 자신의 프로그램에서 의미를 선험적으로 제외시키는 블룸필드L. Bloomfield의 지휘 아래, 1930년대부터 분류학적 분포 언어학의 경향을 지닌다. 의미론도 마찬가지로 변형 언어학(Z. Harris, 1951, *Methods in Structural Linguistics*, Chicago, Chicago University Press)과 생성 언어학(N. Chomsky,

---

21 예를 들어, /+/- 팔걸이/라는 자질은 'chaise'〔(팔걸이 없는) 의자〕나 'tabouret'〔(팔걸이, 등이 없는) 의자〕와 같이 영역의 다른 용어들과 'fauteuil'〔안락의자〕를 구분하게 한다. 포티에는 이 분석을 *Recherches sur l'analyse sémantiqus en linguistique et en traduction automatique*, Nancy, 1963의 틀 안에서 설명하였다.

22 프랑스에서는 1956년부터 가르댕J.-C. Gardin이 고고학적 대상을 정보처리식으로 분류한다.

23 북미 구조주의 언어 인류학에서, 라운스베리F. Lounsbury(1956-1964)는 친족 체계의 성분 분석을 전개하면서, 소수의 대립되는 구조 자질로 기술한다.

1957, *Syntactic Structures*, The Hague, Mouton)의 초기 연구에서 제외되었다.[24]

결론적으로 유럽의 구조주의 의미론은 어휘를 연구 분야로 유지하지만, 새로운 체계적인 관점으로 접근한다. 그 후로 어휘 영역들로 구분하고 유한한 의미 요소 집합을 사용함으로써 어휘의 내재적 공시 조직—전체적이건 부분적이건—을 끌어내는 데 주력한다. 그렇지만 의소 알파벳이라는 여전히 매력적인 계획은 갑자기 중단되고, 어휘 영역의 순전히 언어학적인 기술은 언어 외적 지식에 속하는 소위 백과사전적인 자질들을 의미 영역의 어휘 조직이 제공하는 변별 자질들과 분명하게 구분하는 데 어려움에 봉착한 것 같다.

3. 1963년부터, 형식문법 시기—문장 의미론

생성 문법의 의미론적 전환점은 1963년에서 1965년 사이에 위치한다. 1963년 카츠J. Katz와 포더J. A. Fodor의 논문, 〈의미 이론의 구조The structure of a semantic theory〉(*Language*, 39)로 시작되어, 1965년 촘스키가 《통사론의 제 양상*Aspects of the Theory of Syntax*》에서 해석 의미론의 구성 요소를 도입하게 되었다. 그럼으로써 의미론 분야는 몇몇 지시 체계를 포함하는, 문장들의 통사적 · 의미적 구조

24 미국에서 의미에 대한 연구는 인류학자, 심리언어학자, 논리철학자, 수학자들에게 맡겨졌다. 유럽의 구조주의 의미론에서는 인공 두뇌학(Wiener, 1947), 섀넌C. Shannon과 웨버W. Weaver가 1949년에 종합한 정보 이론, 그리고 1956년 만들어진 인지과학〔J.-P. Dupuy(〈1994〉, 1999), *Aux origines des sciences cognitives*〕의 당대 연구들의 어떤 반향도 찾을 수 없다.

들 사이의 관계를 관심의 핵심으로 삼으면서, 어휘에서 문장으로 이동하였다.

A) 형식문법의 문장 의미론 현대 의미론의 형식적 경향과 인지적 경향이라는 두 경향은 촘스키가 주장한 두 가지 기본 가설에 기인한다고 볼 수 있다. 첫 번째 가설은 1957년《통사 구조*Syntactic Structures*》가 제안하는 형식적 언어활동과 한 언어를 접근시키는 획기적인 생각이다. 이는 엄격한 언어과학이 시작되는 논리-수학적 전환으로서, 알려진 언어들의 형식문법을 구축하는 것을 임무로 삼는다.《통사론의 제 양상》[25]에 나타나는 두 번째 가설은 이론적 개념인 **보편 문법**의 존재를 가정하는데, 그 성공은 일부분 내재적 양면성에 관련된다. 한편으로, 보편 문법은 모든 언어의 문법들의 특별한 형태를 강요하는 것으로 간주된 보편적인 구조 원리들의 최소 집합으로서, 형식적 정의를 수용한다. 다른 한편으로, 보편 문법은 어떤 언어든지 한 아이가 언어를 배우는 능력을 설명하기 위해 촘스키가 가정한 타고난 **문법 능력**compétence grammaticale에 해당하는 자연적인 정신 생물학적 조직을 구성할 것이다. 촘스키에 따르면, 만일 한 아이가 계산 체계나 내적인 정신적 문법을 미리 지니지 않는다면, 그 아이는 자기가 듣는 문장들을 단순히 재생하는 것으로부터 무한한 새 문장들을 만들어 내지 못할 것이다. **수행**performances을 지배하는 사용 맥락에서 떼어 낸 능력 모델을 찾는 것은 언어 습

---

25 *Aspects of the Theory of Syntax*, Cambridge, Mass., MIT Press, 1965.

득과 인간 언어활동의 기능이 의존하는 인지적 기제들에 대한 언어학자들의 흥미를 자극한다.[26] 이렇게 언어학자, 심리학자, 생물학자들 사이에 접근이 시작되었고, 인지과학들의 향후 학제간 영역의 길이 열리게 되었다.

그러나 앞에서도 이미 암시했듯이, "의미론과 무관하고", "자율적이고 형식적인 연구"로 명시적으로 정의된《통사 구조》의 생성 문법 안에는 의미론의 자리가 없다.[27] 이런 배제를 이해하기 위해서는, 촘스키의 문법 이론이 어떤 점에서 비의미론적인지를 명확히 할 필요가 있다. 한 언어를 아는 것은 무한한 문법적 문장들을 구성할 수 있는 것이라는 생각에서 출발하여, 촘스키는 다음의 세 가지 대조를 구축하였다.

1/ 한 언어가 만들 수 있는 무한한 수의 문장들과, 잠재적으로 무한한 형식적 언어활동의 잘 만들어진 표현 집합의 대조.

2/ 한 언어 체계와 한 형식 체계의 두 가지 기본 구성 성분들의 대조. 형식 체계는 한 언어의 어휘 요소들과 그 요소들의 문법적 조합을 보증하는 규칙들을 각각 원초적 상징들의 알파벳과 형식적 언어활동의 구성 규칙들과 동일시한다.

---

26 루아요몽에서 1975년 있었던 피아제와 촘스키 사이의 유명한 논쟁, *Théorie du langage, théories de l'apprentissage*, éd. M. Piattelli-Palmarini, Paris, Le Seuil, 1979 참고.

27 *Structures syntaxiques*, Paris, Le Seuil, 1969 : 117 참고.

3/ 한 언어의 생성성과 형식적 언어활동의 생성성 사이의 대조. 형식적 언어활동은 한 언어의 문법이 형식문법처럼 잘 만들어진 표현이나 문장을 일련의 유한한 계산을 통해 생성하게 한다는 것을 가정한다.[28]

그로부터《통사 구조》에서 세워진, 영어의 생성 문법을 특징짓는 통사적 기조의 연속 구조가 생겼다. 분석의 첫 단계는 입력항에 문법, 어휘(혹은 사전)의 기본 구성 성분과 통사 구조화 규칙들을 놓고, 출력항에 나무 모양으로 된, 한 문장의 심층 구조, 즉 어휘 단위로 끝나는 초기 통합 표시어를 생산한다.[29] 두 번째 단계는 이 첫 번째 구조에 변형 규칙들을 적용하여 그로부터 가능한 여러 개의 표면 구조들을 끌어낸다.[30] 이 각각의 단계에서, 의미는 논외였다. 구성 규칙과 파생 규칙들은 한 문장의 수형도 구조 안에서 위치와 기능에 따라 정의된, 범주를 나타내는 상징의 형태(GV, GN, V, N)로 문장의 구성 성분들을 조작한다. 마찬가지로 한 어휘 단위의 의미는, 그 범주적 위상만이

---

28 르노F. Renaud는 그의 저서 *Sémantique du temps et lambda calcul*, Paris, PUF, 1996로뿐만 아니라 형식주의에 대한 설명에 있어서도 도움을 주었다.

29 이 분석은 중의성의 원천인 불명확함을 없애고자 한다. 예를 들어, 'mes deux frères sont allés au cinéma'〔우리 오빠들은 극장에 갔다〕는 "같이 가거나 따로 가는" 이중 해석을 갖는 두 개의 통사 수형도가 가능하다.

30 예를 들어, 같은 심층 구조에서 'un ami a réparé ce bureau'〔친구가 이 사무실을 고쳤다〕, 'ce bureau a été réparé par un ami'〔이 사무실은 친구에 의해 고쳐졌다〕, 'la réparation de ce bureau par un ami'〔친구에 의한 사무실 수리〕를 끌어냄으로써, 능동문, 수동문, 명사문 사이의 관계를 설명할 수 있다.

V나 N이라는 상징으로 삽입되는 것을 결정하므로, 어떤 역할도 하지 않는다.[31]

하지만《통사론의 제 양상》에서, 촘스키는 카츠와 포더(1963),[32] 카츠와 포스탈P. Postal(1964,《언어학적 기술의 통합 이론*Integrated Theory of Linguistics Descriptions*》, Cambridge, Mass., MIT Press)에게서 영감을 받은 의미 구성 단위를 통합한다. 이는 해석적 의미 구성 성분으로, 심층 구조에 연결되어 그 의미작용을 해석한다. 대략 이 해석적 의미 구성 성분은 음운적 구성 성분의 음소 분석을 어휘적 기의의 의미 자질 분석으로 바꾸는 것이다.[33] 촘스키가 지적하

31 G. Ligozat(1994), *Représentation des connaissances et linguistique*, Paris, A. Colin 참고. 리고자는 "통사적 형식주의" 혹은 "문법적 형식주의"라는 의미에서 문법은 다음과 같이 정의된다고 한다. 즉, "형식문법은 기지수 G = (V, S, T, R)이다. 이때,

- V는 비말단 기호 즉 변수들의 유한 집합
- S는 시작 기호라고 불리는 V의 요소〔'Sentence'의 머리글자 'S'는 프랑스어에서는 'P'(phrase)로 대치〕
- T는 말단 기호 집합
- R은 다시 쓰기 규칙의 유한 집합"(p. 36).

32 J. Katz & J. Fodor(1963), "The structure of a semantic theory", *Language*, 39 : 170-210(trad., *Cahiers de lexicologie*, 1966, II : 39-72; 1967, I : 47-66) 참고. 이 이론은 다음과 같은 공식으로 요약된다 : "공시적 언어 기술—문법 = 의미론". 이때 문법은 "음운론, 음소론, 형태론, 통사론"을 포함한다(1966, II : 42).

33 "음운 규칙들은 표면 구조를 음성적 재현으로 전환한다. 의미 규칙들은 어휘 이후의 구조를 의미적 재현으로 전환한다"(*Questions de sémantique*, Paris, Le Seuil, 1975 : 12, trad. de *Studies on Semantics in Generative Grammar*, The Hague, Mouton, 1972) 참고.

듯이, 이는 "충분히 구체적이거나 우리가 의거할 만큼 잘 정의된 의미 재현의 이론이 없는" 반면, 음운 체계에는 "수많은 구체적인 명제들이 존재하기" 때문이다(《의미론의 질문들*Questions de sémantique*》, 1972, trad. franç, Paris, Le Seuil, 1975 : 9-10).

이 의미적 구성 단위를 생성 문법의 통사적 요새에 도입한 것은 1968년에서 1972년 사이에 "언어학 전쟁"을 일으키면서 트로이 목마의 역할을 하게 된다.[34] 갈등은 의미 해석에 버팀목 역할을 하는 구조 그리고 파생의 변형 규칙들을 두고 나타난다. 연속적인 두 단계로 구조화하는 것은 구별되는 의미 구성 성분에 의해 해석되고 파생 규칙들로 표면 구조를 생성하는, 자율적인 중심 통사 단위를 포함하는, 생성 문법의 주장을 옹호하는 촘스키와 카츠를 주도자로 하는 정통파 흐름을 뒷받침한다. 동질의 의미적 기준으로부터 구조화하는 것은, 한 문장의 통사적 구조는 어휘 단위의 의미 구조와 마찬가지로 논리적 술어 집합에 근거한다고 보는 레이코프G. Lakoff와 매콜리J. McCawley를 수장으로 하는, 생성 의미론의 반대파를 반박하는 것이다.[35] 정통파

34 R. A. Harris(1993), *The Linguistic War*, New York, Oxford University Press 참고.

35 J. McCawley(1968), "Lexical insertion in a transformational grammar without deep structure", *Papers from the Fourth Meeting of the Chicago Linguistics Society*, Chicago, University of Chicago; G. Lakoff, "Linguistics and natural logic", 1970(논문-선언); 필모어C. Fillmore의 심층격 문법("The case for case"(1968), *Universal in Linguistic Theory*, New York, Holt, Rinehart & Winston) 참고. 프랑스어 자료로는 *Langages*, 27, 1972; M. Galmiche(1975), *Sémantique générative*, Paris, Larousse 참고. 구조주의적 접근 방법은 자질

움직임이 결국 승리하지만, 이는 심층 구조에서 의미적 해석의 독점을 없애면서 이루어진 것이었다. 새로운 확장 표준 이론에서, 표면 구조는 의미 결정에도 기여한다.[36]

또 다른 결과는 통사적, 의미적 구조 사이의 관계에 집중된 문장 의미론을 위해, 단어와 관념들 사이의 관계에 초점을 맞춘 어휘 의미론을 버리게 된 것이다. 따라서 논리-수학적 형식 도구들로 통제할 수 있는 등가, 추론, 동어반복, 모순, 중의성 등 논리 관계를 강조하게 되었다. 따라서 통사론은 촘스키 문법의 생성 장치의 핵심으로 남아 있다. 래핀S. Lappin이 지적하듯이,[37] "1970년대 초기에 생성 문법의 틀 안에서 연구하던 대부분의 언어학자는 언어학적 의미론을 덜 발달되고, 명백하게 규정된 형식적 틀도 없고, 잘 정의된 연구 프로그램도 없는 영역으로 간주했었다".

하지만 상황은 몬태규R. Montague의 1970년에서 1973년 사

들로 나뉜 어휘 단위의 내적 구조와 문장의 구조를 비교함으로써, 어휘와 통사에 대해 또 다른 유형의 통일된 방법을 제시하였다〔U. Weinreich, *Explorations in semantic theory*(1966), reprint U. Weinreich(1980), *On Semantics*, Philadelphia, University of Pensylvania Press 참고〕.

36 N. Chomsky(1972), *Studies on Semantics in Generative Grammar*, The Hague, Mouton 참고. 이 책에서는 알력의 쟁점들을 밝히고(pp. 73-74) 촘스키의 여러 모델들에 대한 아주 명백한 일람표를 제시하는(pp. 109-110) R. Jackendoff(2002), *Foundations of Language*, New York, Oxford University Press를 따른다.

37 *The Handbook of Contemporary Semantic Theory*, S. Lappin(ed.), Oxford, Blackwell, 1996 참고.

이에 발표된 세 편의 논문으로 바뀐다. 〈형식 언어로서의 영어English as a Formal Language〉(1970)라는 도발적인 제목의 첫 번째 논문은 프레게의 주장과는 반대로, "형식적 언어활동과 자연 언어들 사이에 중요한 이론적 차이"가 없다고 단언한다. 두 번째 논문 〈보편 문법Universal Grammar〉(1970)의 핵심 생각은 파티B. Partee에 따르면 다음과 같이 요약된다. "통사론은 하나의 대수이고, 의미론도 하나의 대수이며, 통사적 대수의 요소들을 의미적 대수의 요소들 위에 투영하는 동형체가 있다."[38] 따라서 한 문장의 통사적 구조와, 진리와 추론이라는 논리적 원리들에 근거한 의미적 재현을 **구성성**compositionnalité에 의해 비교할 수 있게 되었다. 세 번째 논문, 〈일반 영어에서 양화의 적절한 취급The Proper Treatment of Quantification in Ordinary English〉(1973)은 소위 **조각**fragments의 방법에 따라, 영어의 양화 표현들에 대한 완벽한 통사적 · 의미적 형식 분석을 제안한다. 형식 의미론에 결정적이었던 몬태규의 다른 공헌들은, 특히 의미 구조들을 명시하고 구성하는 데 적용된 람다 계산법의 수학적 도구에 대해서와 마찬가지로, 함수-논항 구조 그리고 문장의 의미적 재현을 위한 유형들의 풍부한 이론에 대한 방책이다.

그리하여 포코니에F. Fauconnier가 지적하듯이, "의미론을 언어학자의 관심의 중심으로 되돌려 놓게" 되었을 뿐 아니라,[39] 그

---

38 "The development of formal semantics in linguistics theory", *The Handbook of Contemporary Semantic Theory*, 1996 : 11-38 참고.

39 "La grammaire générative", *Le langage*, éd. B. Pottier, Paris, CEPL, 1973 :

것의 논리-수학적 도구와 연구 영역을 쇄신하게 되었다. 끝으로, 우리는 형식문법의 틀이 의미론에 가져온 변화들과 그 결과를 다음과 같이 요약한다.

1/ 형식문법의 의미론은 단어를 사물과 생각에 연결시키는 관계들을 연구하던 이전 의미론들과는 반대로, 문제제기 방법론을 통사 구조와 의미 구조 사이의 관계 층위에 놓는다.

2/ 형식문법의 의미론은 모든 사용 맥락과는 독립적인, 규칙들의 추상적인 집합, 문법에 의해 만들어진 이론적 단위인 문장의 틀 안에서 이 관계들을 연구한다.

3/ 형식문법의 목적은 언어학적 기의를 주해를 통해 기술하기보다는 유한한 일련의 계산들로 모델을 만드는 것이다. 이처럼 의미론자들은 몇몇 논리-수학적 도구들(술어 논리에 근거한 표기 체계, 함수-논항 구조, 람다 계산법)을 채택할 뿐 아니라, 한 언어의 문법적 표현들과 그들의 의미 재현 사이의 관계 연구(진리가와 추론 계산)로서 의미론을 이해한다는 점에서 논리학자들과 유사점이 많아지게 된다.[40]

---

171 참고. 래핀S. Lappin(1996 : 1)은 "최근 20년 동안, 의미론은 문법 이론에서의 주변적 위상으로부터 언어학 연구에서의 중심 역할로 이동하였다"고 지적하면서 이 변화를 확인한다.

40 카르납에서 타르스키에 이르기까지 논리학자들이 채택한 모리스C. Morris(*Foundations of the Theory of Signs*, 1938)의 3분법에 따라, 다음과 같이

4/ 상징적 재현으로부터 출발해서 의미를 계산하는 방법은 언어학적 의미작용과 정신적 개념화 사이의 관계화를 가능하게 한다. 이는 촘스키가 주장한 보편적 내재 문법 가설과 포더가 옹호한 사고어mentalais, 사고의 보편적 언어활동 가설(《사고의 언어*The Language of Thought*》, New York, Crowell, 1975)이라는 이중 가설의 도입으로 가능하다. 우리는 정신이 말하고 언어활동이 생각하는 방식을 하나의 동일한 형식주의(명제 논리)와 동일한 상징 집합(단어-정신적 재현)을 이용하여 모델화할 수 있다.[41] 이런 형식화 절차는 사고와 언어활동의 내부 과정들에 대한 인지적 접근에 길을 열어 준다. 이는 행동주의 원리가 미국에서 인문 과학에 강요했으며[42] 언어들의 구조만을 향한 언어학적 의미론에는 거의 유리하지 않은 반정신주의적 ·

구분한다. 1/ 의미론—기호와 외연denotata 관계 다룸, 2/ 통사론—기호들 사이의 관계 다룸, 3/ 화용론—기호와 사용자 사이의 관계 다룸.

41 라캉 또한 의식적 사고의 언어활동으로 옮길 수 없는 언어활동의 구조를 무의식으로 돌린다는 점에서, 우리는 각 개인의 무의식에 특징적인 언어활동으로서 라캉의 무의식어inconscientalais라고 부를 수 있는 것과 같은 신경 생리학적 기층에 어떻게 포더가 보편적인 사고의 타고난 언어활동이라고 정의한 사고어가 뿌리내릴 수 있는지 의문을 제기할 수 있다.

42 미 대륙에서 정신 철학에 자리를 빼앗긴 언어 철학의 쇠퇴가 급변의 증거이다. 유럽에서의 상황은 다르다. 유럽에서는 언어의 "정신주의적" 접근을 키워 주는 지식의 철학적, 심리학적 오랜 전통을 행동주의가 압도하지 못했다. 1940년대, 기욤G. Guillaume의 정신역학psychomécanique은 그 시대 심리학이 기술하던 사고의 기제들에 근거한 의미 형태들로부터 계통학을 끌어내려 하였다.

행동주의적 모델과는 정반대되는 것이다.

B) 의미의 화용-발화적 이론 자율적이고 닫힌 체계들(맥락을 벗어난 어휘나 문장들) 안에 언어 기의를 가두지 않고, 언어들의 사용 조건에서 생기는 몇몇 결정들을 그 모델 안에 통합한다는 공통 특징을 지니는 의미론의 접근 방식을 이 책에서는 편의상 다음과 같이 세 가지 유형, 즉 논리적 화용론, 언어활동 행위, 발화적 의미론으로 정리하고자 한다.

논리주의적 착상의 화용론은 1954년 명확한 담화 맥락을 벗어나서는 해석될 수 없는 지시 기호symboles indexicaux(예—나, 여기, 어제) 문제에 대한 바힐렐Bar-Hillel의 연구와 함께 등장한다. 그 후, 모리스C. Morris(1938)와 카르납R. Carnap(1939)의 영향 아래, 논쟁은 의미론 영역과 화용론 영역 사이의 경계에 집중된다.[43] 일상 언어에 대한 영국 철학은 언어 행위에 대한 질문과 함께 문제를 다시 제기한다(J. L. Austin, 1962; J. R. Searle, 1969). 논리적 · 진리 조건적 의미를 맥락과 무관하게 계산하는 것으로 이해된 의미론과는 대조적으로, 화용론은 지시 기호의 해석에 관한 것이든, 그라이스H. P. Grice(1979)의 대화 격률이 규정하는 상호 주관

43 클레베르G. Kleiber는 언어학적 질문 전체를 제시한다(1982, "Les différentes conceptions de la pragmatique ou pragmatique, où es-tu?", *L'information grammaticale*, 12). 철학적 측면에 대해서는 M. Soubbotnik(2001), *La philosophie des actes de langage. La doublure mentale et l'ordinaire des langues*, Paris, PUF 참고. 일반적인 문제 제기에 대해서는 F. Armengaud(1985), *La pragmatique*, "Que sais-je?" 참고.

적 관계에 관한 것이든, 사용 조건에 종속된 의미를 내세운다. 발화 상황에 연동된 이 관계들은 담화의 역동성을 따르면서 문장의 경계를 넘어선다. 그리즈J.-B. Grize는 역사적 규범, 사회층, 문화 재현, 도식화에 의존하는 자연 논리에 관심을 갖는다(《논리와 언어*Logique et langage*》, Paris, Ophrys, 1990).

발화적 의미론은 언어의 구조적 · 담화적 의미를 이해하는 또 다른 방법을 제안한다. 즉 벤베니스트E. Benveniste가 한 것처럼, 기호 체계의 내재적 경제성에 연결된 시니피앙스signifiance의 기호 차원을, "발화 작용의 세계와 담화 세계에 일치하는" 의미 차원과 대립시키고(《일반 언어학의 제 문제*Problèmes de linguistique générale*》, II, 1974 : 64), 발화 놀이의 규칙들을 정하는 것이다. 퀼리올리A. Culioli와 그 학파는 "다양한 언어들을 통해 파악된"(《발화 작용의 언어학을 위하여*Pour une linguistique de l'énonciation*》, I, 1990; II, III, 1999) 언어활동의 모든 의미 있는 배치를 만들어 내는 작용들을 명시하면서, 이 프로그램을 수행한다.

논리-화용론적 경향과 발화적 경향의 합류점에서, 뒤크로Oswald Ducrot의 논증적 의미론은 언어에 내재적이기를 바라면서, 지시적 기반의 외시적 의미론과 정반대 입장을 취한다. 그의 목표는 의미를 구성하는 데 쓰이는 전제, 추론적 연결 그리고 방향들의 함축적 체계를 밝히는 것이다(《말하기와 말하지 않기*Dire et ne pas dire*》, Paris, Hermann, 1972). 이런 관점에서, 그는 초기에는 앙스콩브르J.-C. Anscombre와 함께 언어 속의 논증 이론(《언어 속의 논증*L'argumentation dans la langue*》, Liège, Mardaga, 1983)을 펼치고, 그 다음에는 카렐M. Carel과 함께 의미 블록 이론을 전개한다 (*Langue française*, 123, 1999).

철학적이고 발화적인 이 접근 방법들은 언어 체계(소쉬르의 랑그 혹은 촘스키의 언어 능력)에만 속하지 않고 언어활동에도 속하는 의미 영역을 끌어낸다는 공통점을 지닌다. 하지만 언어학자들은 어떻게 이 질서가 언어들의 구조에 기재되는가를 기술하려고 하는 반면, 철학자들은 언어활동에 의해 언어활동 안에서 완성되는 인간 활동을 기술하려 한다. 예를 들어, 수행 행위 acte performatif는 고유한 언어 형식(나 + 동사 현재)과 적절한 제도적 틀의 짝을 필요로 한다.

4 1978년 이후 인지과학 시기—인지 의미론

1978년, 탈미L. Talmy는 〈문법과 인지의 관계—개요The Relation of Grammar to Cognition : A synopsis〉라는 제목의 논문에서 인지적 기초 위에 의미론의 새로운 경향을 도입한다.[44] 1987년에는 두 권의 서서가 동시에 출판된다. 레이코프의 《여자, 불, 위험한 것들*Woman, Fire and Dangerous Things*》(Chicago University Press)은 어휘 조직에 대한 다양한 개념화 과정의 충돌을 보여 주고, 랭가커R. Langacker의 《인

44 *Theorical Issues in Natural Language Processing*, 2, D. Waltz(ed.), New York, Association for Computing Machinery 참고. 새로운 종합에 대해서는, Talmy(2000), *Toward a Cognitive Semantics*, Cambridge, MIT Press 참고. 필모어가 1977년에 틀frames과 어휘 의미론에 대해 쓴 두 편의 논문은 인지 의미론이라는 새로운 경향을 직접 거론하지는 않지만, 실제로 최초의 인지적 전환을 나타낸다.

지 문법의 기초 1*Foundations of Cognitive Grammar I*》(Stanford University Press)은 통사적인 기초의 문법들에 하나의 대안을 제안한다. 즉, 음운 구조와 의미 구조들을 상징적 관계로 직접 연결하고, 그로부터 보편적 범주 도식은 떼어 놓는다.

인지 의미론은 우선 이중 거부, 즉 촘스키 문법들의 독자적인 통사 구성 성분의 거부 그리고 포더식의 해석적 의미 구성 성분의 거부로 부정적으로 특징지어진다. 또한 초기 인공두뇌학의 전통적 인지론 모델을 공격하는 한편, 정신-컴퓨터가 튜링Allan Turing[45]의 보편적 논리 기계 방식으로 일련의 유한한 계산을 통해 기호 재현 형태로 된 모든 종류의 언어학적 · 감각적 정보를 처리할 수 있다고 보는 인공지능 컴퓨터식 주장을 공격한다. 몇몇 의미론자들이 유일한 정신적 재현 단계의 존재를 계속 옹호한다고 하더라도, 그들은 자켄도프처럼,[46] 음운, 통사, 의미

---

45 1936년, 앨런 튜링은 어떤 정보든지 인간이 하는 것처럼 처리할 수 있는 보편적 추상 논리 기계를 구상한다. 그런 기계가 인간의 정신 활동을 모방하게 된다면, 인간 정신은 튜링의 기계처럼 기술될 수 있을 것이다. 이로부터 정신-컴퓨터의 이미지가 생겼다. 이 기계-정신을 그것의 물리적 기체基體인 두뇌에 연결하는 문제가 남는다. 이것이 1943년 매컬럭W. McCulloch과 피츠W. Pitts가 그들의 형식적 뉴런 회로와 함께 제안하는 것이다. 예를 들어, 앤들러D. Andler가 지적하듯이, "인공지능 계획과 완전한 불가분의 생물학 계획이 나타나는 것을 보게 된다"(*Introduction aux sciences cognitives*, Paris, Gallimard, 1992 : 28). 이 저서는 1950년에서 1970년 사이에 인지론과 1970년대 말 이후 경쟁을 이루는 연결주의에 대한 전반적인 개요를 제시한다. 라크스B. Lacks(*Langage et cognition*, Paris, Hermès, 1996)와 라스티에F. Rastier(*Sémantique et recherches cognitives*, Paris, PUF, 1991)는 이런 경향들의 언어학적 양상을 제시한다.

구조들 사이에 경계면을 만드는 양면적 관계를 도입함으로써, 촘스키식 연속 모델을 병렬식 기능으로 대치한다.

좀더 긍정적으로 말하자면, 인지 의미론은 언어 의미를 두뇌의 일반적 기능에 연결시키면서, 구현하고자 한다. 따라서 인지 의미론은 정신-컴퓨터의 구상보다는 정신-두뇌의 구상과 유사성이 더 크다. 또한 명시적 규칙들에 따라 기호들에 작용하는 논리-수학적 모델보다는 상호 연결된 형식적 뉴런망[47]의 분류되고 평행한 모델들과 유사성이 더 크다. 그리고 두뇌 단층촬영 기술의 비약적 발전 덕분에 인류의 유전적 진화와 관련하여 두뇌의 구성을 밝히고, 어떻게 언어 의미의 일부분이 비언어적 하위기호 조직 단계에서 나타나는지를 보여 주는 신경생리학과 유사성이 크다. 언어를 말하는 것이 더 이상 사고가 아니며—포더의 사고어mentalais—언어활동이 두뇌 속에서 사고하는 것이다.

인지 의미론은 그리하여 다음과 같이 세 개의 커다란 연구의 장을 열었다.

---

46 R. Jackendoff(1983), *Semantics and Cognition*, Cambridge, MIT Press; (2002), *Foundations of Language, Brain, Meaning, Grammar, Evolution*, Oxford, Oxford University Press 참고.

47 "'지식', 망의 능력은 연결 조직, 무게 그리고 방출이나 억제 특성에 의해 전적으로 결정된다"(J. Delacour, *Le cerveau et l'esprit*, "Que sais-je?", no. 2938, 1995 : 114)는 점에서, 하나의 망은 뉴런에 비교된 단위들의 집합이다. 병렬분포처리(PDP) 기초 모델에 대해서는 Rumelhart, McClelland and the PDP Research Group(eds.)(1986), *Parallel Distributing Processing*, I, Cambridge, MIT Press 참고.

1/ 지각, 특히 시각적 제약에 연관된 공간 표현들—데클레 J.-P. Desclès의 역동적 원형, 탈미의 역학 도식, 물리적 제약(C. Vandeloise, 1986, *L'espace en français*, Paris, Le Seuil), 문법적 범주의 의미론을 규정하는 단면과 도식화(Langacker, 1987)

2/ 범주화(Rosch, 1975, "Cognitive Representations of Semantic Categories")—어휘의 위계 조직과 성분 유형의 어휘 정의를 수정하게 하는 원형prototype의 심리적 개념에 기초(G. Kleiber, 1990, *La sémantique du prototype*, Paris, PUF)

3/ 은유적 개념화 활동(Lakoff, 1987)—추상적 사고의 물리화.

III. 오늘날의 의미론 연구

1. 현재의 발전

1980년 이후 새로운 형식문법 모델들이 나타나는데, 표면 구성에 직접 의존하고 있는 이것들은 전산적 구현에 적합한 자질의 구조를 통해, 한 문장의 다양한 조직(통사적, 의미적, 화용적) 단계들을 통일되게 처리하는 것을 수월하게 한다.[48]

현상들의 세밀한 기술과 경험적 검증에 근거하는 경험적 일

48 최초의 것은 기능적 어휘 문법Grammaire lexicale fonctionnelle(LFG, 1982), 그 뒤에 일반화된 통합 문법Grammaire syntagmatique généralisée(GPSG, 1985), 두뇌 인도 통합 문법Grammaire syntagmatique guidée par les têtes(HPSG, 1987) 등이 있다(A. Abeillé, 1993, *Les nouvelle syntaxes. Grammaires d'unification et analyse du français*, Paris, A. Colin 참고).

치보다는 지적 마케팅 효과에 기인한 일시적 성공을 거둔 일반 이론들의 확산은 분명 유감스럽게 생각해야 할 것이다. 전산 모델화는 오늘날 다른 이론적 틀에서 나온 부분적 결과들을 타당하게 만든다. 여러 이론적 틀이 모임으로써 양화, 시간성, 조응소, 직시어, 부정 표현 등 몇몇 특별한 분야뿐 아니라,[49] 이제까지 별개이던 현상들의 관계 설정에 대한 지식이 향상되었다.[50] 새로운 논리-수학 언어 개발, 인공지능과 언어 산업들의 기여도 또한 형식적 접근 방법들의 지속적인 발전에 도움이 된다.

한편, 담화 의미론은 새로운 접근 방법의 결과 진전을 보여준다. 캠프H. Kamp의 **담화 표상 이론**DRT(H. Kamp, U. Reyle, 1993, 《담화에서 논리로*From Discourse to Logic*》, Dordrecht, Kluwer)은 대명사 조응소와 시제 조응소 관계 그리고 양태에 대한 점진적 형식 처리를 실행한다. 이 이론은 이론적 방향을 바꾸는 지표가 된다. 즉 문장 의미의 성분적, 정태적, 진리 조건적 계산 대신, 맥락 속에서 구성과 해석의 역동적인 과정이 자리잡는데, 그뢰넨디크J. Groenendjik, 스토크호프M. Stokhof, 벨트만F. Veltman에 따르면 이는 "세계에 대한 정보와 담화에 대한 정보"를 조합해야 하는 것이다.[51] 같은 관점에서, 애셔N. Asher는 의미론과 화용론 사

49 몬태규 이후 형식 의미론의 전반적인 소개와 참고 문헌에 대해서는, *The handbook of Contemporary Semantics*, ed. S. Lappin, Oxford, Basil Blackwell, 1996, 프랑스어로 된 것으로 M. Chambreuil(dir.)(1998), *Sémantiques*, Paris, Hermès 참고.

50 시간성과 양화 사이의 관계에 대해서는 F. Renaud(2005), *Temps, durativité, télicité*, Paris, Ophrys 참고.

이의 경계를 옮기면서, 담화 표상 이론을 분할 담화 표상 이론 Segmented Discourse Representation Theory(SDRT)으로 대치한다.[52] 다른 연구 방향은 스퍼버D. Sperber와 윌슨D. Wilson의 적절성 이론(1986, 《적절성, 의사소통, 인지*La pertinence, communication et cognition*》, trad. franç., Paris, Minuit, 1989)이 제공하였다. 이는 맥락적 적절성 원리에 의해 조절된 의미 추론의 내포 체계들에 근거한다.

어휘 연구는 언어의 자동 처리traitement automatique des langues(TAL)와 컴퓨터 번역으로 가는 협로로서 최우선이 된다. 언어학자와 전산학자 팀이 여러 이론적 틀로부터 출발해서 전자사전 제작에 전념한다. 모리스 그로스Maurice Gross(《통사론 방법*Méthodes en syntaxe*》, Paris, Herman, 1975)는 "의미 단위들은 단어가 아니라 기본 문장들이다"라는 가정 위에 어휘 문법 이론을 세운다. 따라서 그의 목표는 술부와 그 논항들의 조합 특성들을 찾아내는 것이다. 가스통 그로스Gaston Gross는 대상 부류, 즉 "특별한 통사적 특성을 지니는 〔…〕 동질의 의미 집합들"을 연구하면서 이 연구를 이어 간다(〈전자사전 형태Forme d'un dictionnaire électronique〉, 《번역환경*L'environnement traductionnel*》, éd. A. Clas, H. Safar, Presses de l'Université du Québec, 1992). 일반 규칙들에 비해, 이 연구들은

---

51 "Changez le contexte!, Sémantique du discours", *Langages*, 123, 1996 참고.

52 "L'interface pragmatique-sémantique et l'interprétation du discours", *Langages*, 123, 1996과 F. Corblin, 2002, *Représentation du discours et sémantique formelle*, Paris, PUF 참고. 이 책은 담화 표상 이론DRT과 바와이즈J. Barwise와 쿠퍼R. Cooper(1981)의 일반 양화사 이론이라는 두 가지 현대 접근 방법을 제시하고 비교한다.

완곡어법 구조(모리스 그로스의 기능 동사)와 합성(M. Mathieu-Colas, 〈프랑스어 복합명사의 유형론 시론Essai de typologie des noms composés français〉, *Cahiers de lexicologie*, 69, 1996, II), 그리고 응결 현상(G. Gross, 1996, 《프랑스어의 관용 표현들*Les expressions figées en français*》, Paris, Ophrys)의 중요성을 부각시켰다.

멜축I. Mel'čuk과 그 팀의 《현대 프랑스어의 설명적 · 조합적 사전*Dictionnaire explicatif et combinatoire du français contemporain*》(*DEC*, 3 vol., 1984-1992, Presses de l'Université de Montréal)은 어휘에 대한 또 다른 혁신적인 접근 방법을 보여 준다. 이는 1960년대에 졸코브스키A. Zholkovsky와 멜축이 발전시킨 의미-텍스트 모델Modèle Sens-Texte(MST)을 기초로 삼는다. 그것의 중심은 불변 의미를 전달하는 언어적 환언문paraphrase langagière이다. 이 의미는 보편 통사와 국어 어휘를 포함하는 형식적 메타 언어 안에 나타난다. *DEC*의 목표는 이 어휘의 애매성을 없애는 것이다. 이런 목적으로, 각 항목의 표제 단위는 단어가 아니라 "어휘소lexème, 혹은 문장소phrasème, 즉 잘 정의된 하나의 의미에서 취해진 단어나 관용어"이다(*Cahiers de lexicologie*, 53, 1988 : 42).[53] 모든 항목은 "표준 구조"를 지니며, 이 구조는 다음의 세 구역을 포함한다. 1/ "의

53 I. Mel'čuk(1988), "Paraphrase et lexique dans la théorie linguistique sens-texte. Vingt ans après", *Cahiers de lexicologie*, 52, 53. 멜축은 하나의 기표와 자명하지 않은 방법으로 연결된 기의들의 어휘소는 하나의 '단어VOCABLE' 안에 모인다고 밝힌다(*Cahiers*, 53, 1988 : 42). 또한 I. Mel'čuk, A. Clas, A. Polguère(1995), *Introduction à la lexicologie explicative et combinatoire*, Louvain-la-Neuve, Duculot 참고.

미 구역, 즉 대략적으로 정의에 해당." 2/ "통사 구역, 즉 대략적으로 체제 도식"—의미-어휘 정의에 상관관계가 있는 통사적 구성 및 행동주 구성을 특징짓는다. 3/ "어휘 조합 구역, 즉 어휘 기능"—다른 어휘 단위들과의 조합에 따라 어휘소의 가치를 특성화한다. 50여 개의 어휘 기능은 어휘의 "제한된 공기共起성 집합"을 제시하는 데 쓰인다(예—**Cap**.〔"…의 우두머리"〕, **Cap**(비행기) = 기장, **Cap**(극단) = 단장)(*Cahiers de Lexicologie*, 53, 1988 : 7-114).

어휘는 다른 이론적 관점에서도 접근될 수 있다. 비에르츠비츠카A. Wierzbiscka(《의미 근원어*Semantic Primitives*》, Frankfurt, Athenaüm, 1972)는 인지 원자에 해당하는 소수의 의미 기본 요소, 즉 어휘 보편소를 미리 정하면서, 수많은 언어에서 가능한 한 최대한의 어휘소를 구축한다는 목표를 내세운다. 그의 첫 번째 목록은 15개 정도로 구성된다(예—quelque chose〔어떤 것〕, je〔나〕, tu〔너〕, ceci〔이것〕, vouloir〔원하다〕, dire〔말하다〕). 마지막 목록은 35개로 구성된다(A. Wierzbiscka, "La quête des primitifs sémantiques : 1965-1992", *Langue française*, 98, 1993, *Les primitifs sémantiques*). 논증적 의미론의 틀 안에서, 앙스콩브르는 전형적 문장들로부터 출발해서 한 어휘 단위의 의미를 기술할 것을 제안한다. 반면, 카렐과 뒤크로는 논증적 잠재소를 끌어내려고 시도한다(*Langages*, 142, 2001).

촘스키식 초기 문법들에서 무시되었던 어휘 연구는 몇몇 이론적 개선의 대가로 생성론적 틀 안에서 발전한다. 자켄도프

(2002)는 장기 기억된 어휘 항목과 형태-의미 규칙으로 구축된 반半규칙적인 표현들에 대해 다르게 처리할 것을 제안하면서, 촘스키 모델의 의미 구성 성분을 재정비한다. 코르뱅D. Corbin은 "범주적, 의미-통사적, 형태적 작용들을 결합"함으로써, 단어 구성 규칙들로부터 단어의 성분 의미를 계산할 수 있게 하는 "구성된 단어의 명시적 문법"을 만든다(《파생 형태론과 어휘의 구조화*Morphologie dérivationnelle et structuration du lexique*》, 1987, 2 vol., Niemeyer, réimpr. Lille, PUL). 푸스테조브스키J. Pustejovsky는 한 어휘소의 의미적 다양성을 설명하기 위해, 면facette, 역할-속성rôles-qualia(행위자, 기능)과 같은 새로운 기술記術 개념을 구상한다. 그리고 강제coercition, 조절modulation, 선택sélection이라는 세 가지 원리로 귀착시키면서 맥락의 효과를 명시하려고 한다(《생성 어휘*The Generative Lexicon*》, Cambridge, Mass., MIT Press, 1995).

어휘에 대한 또 다른 발전 가능성이 있는 접근 방법은 많은 자료체를 통계적으로 처리하고, 정보화된 자료 은행을 만드는 것이다. 이는 여러 유형의 텍스트에 연결된 경향들과 규칙적인 연결들을 보여 줄 것이다(B. Habert, A. Nazarenko, A. Salem, 《코퍼스 언어학*Les linguistiques de corpus*》, Paris, A. Colin, 1997).

2. 종합 평가

이와 같은 대략적인 역사적 검토가 의미론에 대한 우리의 관점을 밝히는 대신 오히려 더 혼란스럽게 한 것 같다. 의미는 구조주의적 가설에 의해 얼마간 배제되어 있었지만, 오늘날 그만큼

분할되고 세분화된 언어학 연구의 중심에 있다. 이 다양한 연구들이 양립할 수 없는 관찰 단계, 이론적 관점 그리고 방법과 목표들에 의존하기 때문에, 이 연구들을 통해 획득된 지식들을 한꺼번에 종합하는 것은 어렵다. 그래서 통합된 하나의 영역을 결정하기는커녕 의미론은 경쟁적 가설들과 잊혀진 이론들에서 나온 잡다한 명제들과 실천들의 집합체처럼 보인다. 이러한 이유로 참고 문헌들은 겹치지 않고,[54] 일관성 있는 집합으로 연결하기 어려운 다양한 의미 유형들—어휘적, 문법적, 지시적, 기술적, 정보적, 방법적, 추론적, 체계적, 차이적, 의사소통적, 맥락적, 화용적—을 조사하는 의미론의 특성들이 나온다. "인간의 소산은 때로는 무효화할 수 없는 과거의 잔재들에 의해, 때로는 다른 의미로 파악되는 서로 평행하는 기도들에 의해, 독자적인 현재의 시도들의 예기치 못한 결과들에 의해 끊임없이 방해받는 힘겨운 것처럼 우리에게 보인다"라고 브레알은 지적한다(《의미론》: 6-7). 그리하여 다양한 시기에 생겨난 경향들—통시적 어휘 의미론, 구조 의미론, 형식 의미론, 생성 의미론,

---

54 같은 시기에 의미론 연구들을 다루는 300개 이상의 참고 문헌들이 거의 겹치지 않는다는 것은 놀라운 일이다. 북미의 언어학 저서들은 미 대륙이나 외국의 다른 학파들을 거의 전적으로 무시한다. 예를 들어, 스티븐 핀커Steven Pinker의 대중적인 저서, 《언어의 직관*L'instinct du langage*》(1994, trad. franç., 1999, Paris, Odile Jacob)에서, 경쟁 학파를 대표하는 랭가커를 참조하지도 않고, 벤베니스트, 카시러, 옐름슬레우와 같은 언어학자나 철학자의 고전적인 저서들도 참조하지 않는다. 또한 영어로 되어 있는 현재 유럽의 출판물도 언급하지 않는다. 반면, 다른 대륙, 유럽, 극동의 언어학자들은 미국의 연구들을 계속 참조한다.

인지 의미론, 연결주의 의미론—이 공존하고, 독립적으로 혹은 부분적인 상호 간섭하에서 발전을 계속하고 있다.

역사적 · 구조적 의미론이 언어 의미를 독자적인 연구 영역으로 이해했다면, 오늘날에는 더 이상 그렇지 않다. 촘스키 이후 형식문법들은 언어 의미를 통합 모델의 흔히 부차적인 구성 성분으로 포함시키면서, 사실상 의미에 대해 분할되고 상이한 관점을 강요한다.[55] 인지 이론들은 인간 인지의 전체 과정과 신경-정신적 기초를 분리할 수 없음을 주장하면서, 전적으로 언어학적인 의미론을 거부한다. 사회언어학적 · 화용적 이론들은 그 사용 맥락, 사회 역사적 틀이 배제된 모든 의미론을 거부한다. 이러한 이론적 입장들도 문외한이 의미를 단어와 언어의 가장 중요한 차원으로 간주하는 것을 막지 못한다. 따라서 의미작용이 언어학 연구의 대상이 아니라고 하는 것은, 야콥슨의 표현을 빌리면, 당치 않을 것이다.

55 촘스키에 따르면, "불완전하지만 명확한 상응이 언어의 형식 자질과 의미 자질 사이에 존재한다". 하지만 "이 상응이 그처럼 부정확하다는 사실은 의미가 문법적 기술의 기초로 사용될 수 없다는 것을 시사한다"(*Structures syntaxiques*, trad. franç., 1969 : 111).

2장

언어학적 의미작용

언어의 의미 특성에 접근

"주어진 한 언어를 말하는 능력은
그 언어의 말하는 능력을 내포한다."
야콥슨,《일반 언어학 이론》
(Paris, Minuit, 1963 : 81)

1. 의미론 영역의 범위

의미가 직관적인 직접 여건이라는 사실을 설명하기 위해서, 뒤크로는 언어학적 체험vécu linguistique이라는 개념을 사용한다.[56] 체험 안에서 의미작용과 언어 형태들은 긴밀하게 연결되어 있어 분리될 수 없다. 그리고 의미는 표현들의 소리나 문자의 물질성을 통해서만 접근할 수 있다는 점에서, 우리는 당연히 의미를 만드는 기표적 형태의 형상을 따라 의미를 이해하게 된다. 따라서 언어학적 의미작용의 연구로서 의미론은 사용자에게는 사실상 명백한 것이다. 의미론자의 경우는 그렇지 않다. 물론 의미론자가 언어의 형태와 의미작용의 불가분성, 형태적 구조의 자율성을 인정할 수는 있다. 하지만 언어 형태와 의미 사

56 *Le structuralisme en linguistique*, Paris, Le Seuil, 1968 : 47-48 참고.

이의 동형성을 제기하지 않는 한, 이것이 의미작용의 독립성을 증명하기에 충분한 것은 아니다. 이 동형성은 일단의 사실들에 의해 맹렬한 공격을 받았다. 예를 들어 번역, 환언문이나 동의적 문장 재구성, 동의성의 수많은 자료들은 같은 의미작용에 다른 형태들이 흔히 주어질 수 있음을 보여 준다. 반대로, 같은 형태들이라고 하더라도 동음이의어의 경우 다른 기의에 해당할 수 있다. 대부분 어휘 단위들의 다의성은 비슷한 여러 의미들에 대해 하나의 형태가 있음을 증명한다. 게다가 다른 성질의 기의들 사이에 교환이 가능하다는 점 때문에 언어 의미의 자율성 자체가 문제시되게 되었다. 예를 들어, 인사나 승낙의 약호화된 몸짓은 의미적으로 '안녕하세요'나 '네'에 상응한다. 요컨대, 일상 사용에서 분리될 수 없는 언어 형태와 의미작용들은 그래도 분석에 의해 분리될 수 있다. 의미의 여러 단위들의 차단과 각 기호 체계에 고유한 경제성은 의미작용의 자유교환을 방해하지 않는다.

따라서 우리의 언어학적 체험은 모순을 보여 준다. 즉, 한편으로 의미는 그것을 나타내는 형태들과 분리될 수 없지만, 다른 한편으로는 어떤 형태를 식별하는 것이 의미를 식별하기에 충분한 것처럼 언어 형태와 기의의 영속적인 결합이 일대일 대응을 내포하지 않는다. 이러한 모순을 볼 때 언어 형태와 의미 사이의 관계를 밝히는 것은 불가피하다.

II. 기표와 의미작용 사이의 관계

1. 기표의 특성

언어 분석에 기초가 되는 기표의 네 가지 특성만 들면 다음과 같다. 즉, 기표의 소리나 문자 형태, 선조성, 이중 분절에 따른 조직, 공시적 · 통시적인 이중 관계 체계가 그것이다. 말연쇄의 분절 기술技術 그리고 요소들의 분포적 분류 기술이 안정된 선적 소리 · 문자 형태를 인정하는 데 기초한다는 것은 쉽게 알 수 있다. 게다가, 기표는 앙드레 마르티네André Martinet의 용어에 따르면, 1차 분절 단위와 2차 분절 단위라는 두 조직 단계에 속한다.[57] 1차 분절 단계에서, 문장을 단어로, 단어를 형태-의미적 분해의 최소 단위인 단소monème(블룸필드의 형태소morphème—예를 들어, 'marchons'은 어휘 형태소 'march-'와 문법 형태소 '-ons'으로 분석된다)로 나누는 것을 이끄는 것은 의미이다. 2차 분절 단위의 단계에서, 의미는 더 이상 관여적이지 않고, 소리 형태만이 최소 변별 단위, 즉 음소로 나뉠 수 있다. 각 언어는 음소 그리고 특별 조합 규칙들의 유한한 집합으로 특징지어진다. 따라서 우리는 어떤 주어진 공시태 상태에서 한 언어의 모든 기표 형태들의 구성이 이루어지는 출발점이 되는 근본적인 요소들의 닫힌 목록을 사용한다. 이 두 유형의 단위들은 특별한 진화 체제를 지니므로, 이 이중 조직 단계는 통시적 관점에서도 타당하다.

57 *Eléments de linguistique générale*, Paris, Colin, 〈1960〉, 1964 : 17 참고.

즉, 음소는 규칙적이지만 시간에 제한된 음성 법칙에 따라 변화한다. 형태소는 불규칙적이고 연대상의 한정 없이 변화한다.

2. 기표와 의미작용 사이의 관계

의미작용은 어떠한가? 일견, 의미작용들은 기표의 특징들을 공유하지 않는다.

1/ 의미작용에는 직접 접근할 수 없다. 의미작용은 그것을 지각할 수 있게 해 주는 기표 형태를 통해서만 나타난다.
2/ 정의상, 기의들은 1차 분절의 단위들이다. 따라서 기의들은 음소의 모델에 따라 구상된 2차 분절의 유한한 수의 요소들, 즉 의소sèmes, 노에마noèmes, 의미 원자atomes de sens로 축소될 수 없다.
3/ 기표 연쇄의 선조성을 존중하는 대신, 어떤 구성(한정, 종속, 조응, 일치)의 결합되거나 분리된 구성 성분들 사이에 논리적이고 위계적인 관계를 세우면서, 의미는 선조성을 해체한다.
4/ 단어, 구, 문장과 같은 종합적 단위들이 선적인 소리·문자 형태를 통해 구체화될 바로 그때, 의미작용은 이 단위들의 단계에 정착한다. 뒤크로가 상기시키듯이, "의미는 분리된 요소들에 부여할 수 있는 기의들의 연속이 아니라, 단독 결과물이다"(*Le structuralisme en linguistique*, Paris, Le Seuil, 1968 : 49). 이 단위들 각각에 고유한 종결은 의미

적 종합이 일어나야 하는 지점을 가리킨다.[58] 의미 단위로 식별하기 위해서는 단어, 구, 문장의 끝을 기다려야 한다. 예를 들어, 단어 전체가 주어지지 않은 이상, 'ter-'가 'terrible'〔끔찍한〕, 'terre'〔땅〕, 'terrasse'〔테라스〕의 시작인지 어떻게 알 수 있는가? 합성적 의미 단위, 구, 문장의 경우, 문법은 구조적으로 가능한 종결을 정하고 각 발화체는 실제 종결을 우발적으로 고정한다. 담화의 선적 연쇄는 어휘, 구, 문장의 의미작용이 안정되는 접합점을 지니는데, 의미작용은 고려되는 의미 단위의 내재적 · 문맥적 구성 성분을 항상 통합한다. 이 절차는 예를 들어, 전체 결과를 도입하는 기호 '='로 표시된 최종 합계점까지 더해야 하는 숫자들 사이에 기호 '+'를 중간에 넣는 계산과 비슷하다. 하지만 담화의 경우(언어학자들에게는 안됐지만!), 의미 결과는 그것을 구축하는 절차와 별개로 기록되지 않는다. 따라서 그 등가성이 표지('c'est-à-dire'〔즉〕, 'ou'〔즉〕)로 표시된 환언문을 통한 재구성으로 그것을 확인할 수밖에 없다.

어떤 인지 과정이 이 의미 단위들을 구성하는 데 기여하는지 신경과학이 이해할 수 있게 해 주기를 기다리면서, 우리는 다음과 같은 점들을 지적할 수 있다.

---

58 한 문장을 구성하는 요소들의 선적 배열과 반대로, 문장 의미의 종합적 특성에 대해 우리의 주의를 끌게 한 것은 기 세르바Guy Serbat이다.

1/ 각 단위 유형은 의미적 종결과 종합의 고유한 방식을 지닌다. 예를 들어, 한 어휘소의 전체 의미는 명명 기능에 연결되어 있고, 구와 문장의 전체 의미는 합성 구조에 연결되어 있다.

2/ 종결 표지들은 음운-형태적 · 통사적 체계에 따라 언어마다 다르다. 프랑스어에서, 성 · 수 일치는 명사군을 한정하는 데 기여한다. 일본어에서, 구의 경계를 표시하는 것은 명사 뒤에 놓이는 조사들이다.

3/ 종결 표시는 말과 글에서 아주 다르다. 말에서, 한 문장 의미의 역동적인 구성은 호흡의 끊김, 연속된 단어를 연결하는 강세 도식, 어조 곡선(질문, 단언, 놀람), 단기 청각 기억에 이끌린다. 글에 있어서, 알파벳 표기에서는 빈칸으로 어휘 단위들이 분리되고, 표의문자 표기에서는 기호-단어에 어휘 단위들이 응축됨으로써 철자가 어휘 단위들을 시각적으로 분리한다. 이처럼 맥락 밖에서 장기 어휘 기억 속에 어휘 단위들을 자르거나 보존할 수 있다. 구두점은 말에서의 끊김을 전달하지 못하고, 문장의 의미-통사적 연결이나 발화 조직(삽입구, 인용부호)을 알린다.[59] 예를 들어, 글은 마침표로 문장이 끝나는 것을 알려주고 철자 단위로서의 단어들을 알아보게 한다. 반면 담화에서 단어들의 음성적 자율성은 흔히 연음 현상에 가려 있다.

---

59 *La ponctuation : langue française*, 1980 : 45 및 *L'information grammaticale*, 2004 : 102 참고.

구만이 변별적인 표기 형태가 없다.

종합적 의미 단위라는 개념은 의미의 언어학적 구성 안에서 우세한 역할을 단어, 문장 그리고 구—최소한—에 부여한다. 이 지형들이나 그들의 연결들 중 하나로부터, 하나의 전체로서 이해할 수 있는 하나의 최종 의미작용이 이해되기 때문이다. 크기의 차이보다는, 각 의미적 종합점, 결정 단계와 관계되는 것이다. 단어는 의미 영역(개념적이고 조합적)의 제법 희미한 1차 경계에 해당하며 그로부터 맥락 밖의 잠정적인 다의성이 생긴다. 구는 좀더 잘 정의된 의미 단위에 이른다. 그리고 문장과 함께 원칙적으로 자율적 의미를 안정시키는 한정의 최종 단계에 이른다. 때로 발화적 · 맥락적 한정은 희미한 것으로부터 정확한 것으로 의미의 진행을 완성하는 데 필요하다.

다른 세 가지 차이들도 지적되어야 한다. 첫째, 기표들의 합성과 분해는 의미작용의 종합과 분석을 보장하는 것과는 아주 다른 기제를 사용한다. 단어 안에 형태소 끼워 넣기, 구 안에 단어 끼워 넣기, 문장에 구 끼워 넣기는 불변하는 기표들의 음운-철자 구조에 어떤 영향도 주지 않는다. 형태의 엄격함과 견고함은 의미작용의 근본적인 불안정과 대조를 이룬다. 여기에 바로 모든 의미론 이론이 고려해야 하는 언어들의 현저한 특징이 있다. 예를 들어, 화자가 'intégral'〔완전한〕이라는 형태를 알아차리게 되는 것은 이 형태를 프랑스어의 어휘 단위로서 기억하면서부터이지만, 최소 맥락 없이는('le calcul intégral'〔적분〕,

'nudisme intégral'〔완전한 나체〕) 그것의 의미를 결정할 수 없을 것이다. 두 유형—의미적, 형태적—의 구조화를 구별할 수 없어, 소쉬르는 "전체가 포함하는 요소들을 분석을 통해 얻기 위해서는 불가분의 전체로부터 출발해야 한다"는 원리를 작용하도록 만들지 못했다(《일반 언어학 강의》: 157).

둘째, 통합적 · 계열적 관계 사이의 경계는 의미작용 단계에서는 희미해진다. 야콥슨이 지적하듯이, 선택축에서 관련 대상 없이 확립되는 의미 관계들은 "동등한 단위들의 연속적 사용들" 덕분에 결합축에 투사된다. 'jument'〔암말〕과 'cheval'〔말〕 사이의 계열적 대립은 "'jument'은 'cheval'의 여성형이다"라는 분석적 문장에 의해 제시된 등가에 다시 나타난다(《일반 언어학 이론》: 220-221).[60]

셋째, 공시적 · 통시적 이중 관점은 기의보다는 기표 단계에서 더 분명하게 확인된다. 물론 주어진 언어 상태에서 한 단어의 의미를 정하는 것과 그 역사적 진화를 연구하는 것은 두 가지 다른 방식이다. 하지만, 모리스 그로스가 지적하듯이, "(공시적) 상태라는 개념은 약간의 세밀한 분석에도 저항하지 못한다"(《통사론 방법*Méthodes en syntaxe*》, 1975 : 228). 다의성은 다양한 시대에 나타난 의미들을 같은 시대의 것으로 만들지 않는가? 혁신들이 흔히 기존 원형들을 사용하는 것과 마찬가지로—소쉬르는 "언어는 자기 자신의 천으로 기운 부분으로 덮여 있는 옷

60 *Essais de linguistique générale*, Paris, Minuit, 1963.

이다"라고 적는다(《일반 언어학 강의》: 235)—불변하는 의미 관계는 하나의 공시 상태에서부터, 시간을 초월한 원형에 따라 한 언어의 기표 형태들의 모형을 만드는 일종의 기호학적 무의식을 만드는 데까지 이를 수 있는 다른 상태까지 영속한다.[61]

하나의 기의는 결합된 다른 기의들과 그것을 구별하는 것에 의해 기술되므로, 적어도 차이를 나타내는 대립 원리는 타당하다. 물론, 의미 분석에서 이 차이들은 유사성의 바탕에서만 변별적일 수 있다.[62] 그리고 기의의 대립은 닫힌 음운 체계가 아니라 열린 어휘 체계에 개입한다. 따라서 음운적 차이의 모델 위에서 의미 차이를 이해할 수 없을 것이다.

그래도 의미작용은 기표가 부여하는 선적이고 불연속적 단위 형태로 표현된다. 따라서 관찰 가능한 유일한 자료들은 형태-의미라는 총체로 구성된 의미 단위들이다. 이 단위들은, 그랑제G. Granger에 따르면, 모든 자연발생적인 의미론을 형성하는 의미의 구어 실험에서 생긴다.[63]

---

61 *Structures étymologiques du lexique français*, 〈1967〉, 1986과 *Sémiologie de la sexualité,* Paris, Payot, 1978에서 기로는 생산적인 어휘 모형 집합을 끌어낸다.

62 *Penseé formelle et sciences de l'homme*, Paris, Aubier-Montaigne, 1967 : 32.

63 최근류最近類와 종차種差에 의해, 아리스토텔레스적 정의는 분류하는 식별(유類는 'jument'과 'cheval' 사이의 차이를 고려하지 않는다)과 구별하는 대립(남성과 여성)을 연결한다.

III. 의미의 구어 실험

1. 개요

의미에 대해 말하기 위해 일반적으로 사용된 표현들을 간단히 조사해 보면, 그 표현들 중 대부분이 'signifie la même chose'〔같은 의미이다〕, 'le contraire de'〔반대의〕와 같은 술어를 사용하여 두 용어의 관계를 만든다는 것을 알 수 있다(예를 들어, 'hausser les épaules'〔어깨를 으쓱하다〕은 'soulever les épaules en signe d'indifférence'〔무관심의 표현으로 어깨를 들어올리다〕를 의미한다). 이처럼 화자들에게 좀더 이해 가능한 같은 의미를 지니는 다른 표현으로 바꿈으로써 어떤 언어 표현이든지 그 의미 가치를 명시할 수 있다. 이와 같은 일반화된 의미적 물물교환으로 접근하는 방식은 언어의 의미작용의 근본적인 특성을 보여 준다. 즉 형태를 고려하지 않고, 의미 가치만의 동일성이나 차이에 의해 의미들을 서로서로 비교하여 정의할 수 있다는 것이다(예 'une fronde' = 'un lance-pierres'〔새총〕).

좀더 세밀한 분석은 언어 의미의 두 가지 다른 특징들을 보여 준다. 의미론적 술어로 연결된 용어들의 위상은 일상 용법에서 우리가 네 가지 유형의 단위 단계에 의미를 위치시킨다는 것을 보여 준다. 1/ 단어, 즉 형태소를 통합하는 어휘 단위(예―'nager'〔헤엄치다〕는 어근 'nag-'와 부정법의 문법 어미 '-er'). 2/ 단어군, 즉 구―어휘화되었거나('rendre visite'〔방문하다〕) 자유로운 경우('une belle journée'〔좋은 날〕)―는 둘 혹은 그 이상의 단어들의 통사적 배치 속에 여러 단어들을 통합한다. 3/ 문장—단어, 구, 단문들을 통합한다. 4/ 발화체, 즉 다양한 형태와 길이(단어군에서 여러 문장들까지)의 의사소통 단위로서 그 완전한 의미는 부분적으로는 문맥적 혹은 상황적 지시(직시 관계, 사회적 관습)에 달려 있다. 따라서 의미의 구어 실험은 의미 단위들이 하나의 의미를 가졌다고 말하는 데 우리가 익숙해짐으로써 다양한 유형의 의미 단위들을 알아보고 그것들의 의미작용에 대해 의문을 갖도록 가르쳐 준다.

두 번째 특징은 일상 언어활동에서 의미 관계를 만들기 위해 사용된 술어에 관련된다. 각 언어는 우리가 담화적 의미 서식이라고 부를 수 있는 특수한 술어의 소집합을 지닌다. 프랑스어의 경우를 살펴보자.

2. 일상 프랑스어의 의미 서식

이 서식의 가장 눈에 띄는 특징은 같은 논리-의미 관계를 만들기 위한 여러 표현들을 포함한다는 것이다. 의미 등가는 'signifier'〔의미하다〕, 'vouloir dire'〔의미하다〕, 'avoir le même sens'〔같은 의미이다〕, 'autrement dit'〔달리 말하면〕, 'ou'〔즉〕, 'c'est-à-dire'〔즉〕으로 표시된다. 이 다양성은 하나의 담화 구조 안에 끼어드는 의미 관계의 여러 삽입 양식에 대응한다. 예를 들어 처음 세 가지 동사 술어는 등가를 제시하거나 어떤 특정 사용 맥락 안에서의 타당성에 대해 의문을 제기하는 데 쓰인다. 총칭적인 정의 발화체에서, 이 술어들은 약호화된 어휘 등가성을 보여 준다. 'c'est-à-dire', 'ou' 유형의 관계사들은 삽입구에 보충적인 정확성을 덧붙인다. 이로부터 모든 발화 차원이 배제된 논리 언어의 기호와의 차이가 생겨난다.

다음 세 가지 예를 비교해 보자.

예 1 *brouter* veut dire *manger de l'herbe*('brouter'〔풀을 뜯어먹다〕는 'manger de l'herbe'를 의미한다)

예 2 *manger de l'herbe* se dit en français *brouter*('manger de l'herbe'는 프랑스어로 'brouter'라고 한다)

예 3 *brouter* désigne *une manière de manger de l'herbe* ('brouter'는 '풀을 뜯어먹는 한 방식'을 가리킨다)

사용된 상위 의미 술어에 따르면, 등가는 다른 용어들 사이에 설정되었다는 것을 알 수 있다. 즉 'veut dire'〔의미한다〕는 두 개의 언어 단위를 연결한다(예 1). 'se dit en français'〔프랑스어로 …이다〕는 단어를 언어활동의 외적 지시 대상에 연결한다. 이 경우, 소위 명칭론적onomasiologique 방향에 따라(예 2) 의미 관계가 대상으로부터 언어로 가는지 아니면 어의론적sémasiologique 방향에 따라 의미가 언어에서 대상으로 가는지(예 3)에 따라 술어들은 변화한다. 여기에서 언어 의미의 이중 특성이 나타난다. 즉 관계 유형과 그 방향이 적절한 술어로 표시되었다는 조건하에, 의미 관계는 언어 내적, 외적 용어들 사이에 만들어질 수 있는 것이다.

술어 변이의 또 다른 이유는 통사적인 것이다. 'signifie'〔의미한다), 'c'est'(…이다) 같은 관계사들은 어떤 용어라도 연결할 수 있는 반면, 'désigne'(가리킨다), 'est le nom de'(…의 이름이다), 'est le synonyme de'(…의 동의어이다)와 같은 것은 사물과 단어 혹은 어휘 단위들 사이의 관계에만 쓰인다.

이 술어들의 눈에 띄는 마지막 특징은 혼합 경향이다. 이들은 복잡한 관계사를 구성하거나(특히 지시사와 함께 : 'est/c'est'(…이다); 'signifie/ça signifie'(의미한다)), 의미 관계의 성격을 분명하게 하는 한정 표현과 합쳐지거나('est le sens figuré, propre, dérivé, étymologique'(비유적/고유한/파생된/어원적 의미이다)), 대략적 표현을 제시하거나('est une espèce de'(…의 종류이다), 'signifie à peu près'(대략 …을 의미한다)), 범위를 제한한다('signifie ici'(여기에서는 …를 의미한다)).

따라서 그 수나 용법이 공리적으로 정해진 논리-수학적 관계사들과 달리, 의미 관계사들은 의사소통의 필요에 따라 변화한다.

이 개요는 일상 언어활동의 의미 관계사들이 자율성이 없음을 잘 보여 준다. 이 관계사들을 수용하는 담화 구조는 이것들에게 다양한 결정(양태, 시간성)을 부과한다. 그 해석은 이들이 연결하는 용어들의 의미와 담화 유형에 의해 부분적으로 조정된다. 끝으로 이들의 타당성은 발화자들이 이들과 관련시키는 것이 좋다고 판단하는 다양한 가치 체계들, 즉 문화적 관습, 어휘 정의, 문법 규칙, 지식과 공통의 믿음 등에 달려 있다. 이 특성들은, 한 언어의 안정적 요소들의 의미를 정의하거나 역동적 의미작용에 따라 조정하도록 도와 주기, 조정 · 되풀이 · 교정을 통해 화자들의 상호 이해를 보장하면서 말이나 글로 하는 의사소통의 다양한 의미적 필요에 부응하기 등 이 관계사들의 복합적인 사용에 관련된다.

그러므로 1950년대 말에나 가서야 언어학자 야콥슨이 언어 활동의 상위 언어적 기능을 발견한 것은 놀라운 일이다. 게다가 그의 발견은 언어들의 관찰을 통한 것이 아니라, 그 자신의 증언에 따르면 퍼스와 카르납의 성찰에서 유래한다. 야콥슨에 따르면, "상징의 의미는 다른 상징들로의 번역이다"(《일반 언어학 이론》, 1963 : 203)라는 퍼스의 기본적인 기호 원리를 카르납이 제기한 논리적 상위 언어작용 문제에 접근시킴으로써, 언어들 안에서 상위 언어적 기능의 중요성을 입증하는 언어 내적 등가, 언어들 간의 번역, 그리고 기호들 간의 번역 작용에 주목했다(《일반 언어학 이론》 : 79). 야콥슨은 특히 "방정식 명제들이 우세한 역할을 하는" 환언문을 통한 재구성, 동의적 대치 등 의미적 등가 관계를 제시하는 발화체들을 찾아낸다.[64] 이처럼 그는 다양한 언어학 이론(Z. Harris, I. Mel'čuk, A. Culioli)에 길을 열어

64 '실수는 말하면서 저지르는 무의식적인 잘못이다'와 같은 문장이 해당하는데, 여기서 〈A는 B다〉라는 구성이 A = B라는 의미 등가성을 제시한다. 야콥슨에 따르면, 이 문장들은 "발화체들의 전체 자료체에서 중요한 자리를 차지하고, 주어진 자료체의 다른 모든 표본들과 같은 자격으로 분포적 분석("A는 B다", "B는 A다", "A는 B가 아니다", "B는 A가 아니다"라고 말하는가, 그리고 어떤 맥락에서 말하는가?)에 맡겨질 수 있다"(《일반 언어학 이론》 : 203-204).

주게 되는데, 그 이론들에서 환언문 전체는 언어적 의미 불변 요소를 도출하는 데 이용된다(C. Fuchs, 1982, *La paraphrase*, Paris, PUF 참고).

논리적 상위 언어활동 문제를 자신들의 학문 영역으로 옮겨 오면서 언어학자들은 일상 담화 안에서 의미 명시의 일상적인 방법을 체계적으로 연구하고자 한다. 좀더 어휘적인 연구 방향이 레드보브J. Rey-Debove의 상위 언어작용에 대한 선구적 저서(《상위 언어활동*Le métalangage*》, Paris, Le Robert, 1978)에 의해 제시되었다. 그는 일상 담화와 사전에서 'désigner'〔지명하다〕, 's'appeler'〔…라고 불리다〕, 'signifier'〔의미하다〕, 'se dire'〔일컬어지다〕, 'autrement dit'〔달리 말하면〕, 'c'est-à-dire'〔즉〕, 'ou'〔즉〕와 같은 "상위 언어적 동사와 다른 표현들"의 목록을 만들고 기능을 기술하며, 그로부터 다양한 상위 언어 관계의 유형(자시성, 상위 언어적 문장)을 끌어낸다.[65] 의미-논리적 관점에서는 클레베르의 저서,《지시작용 문제—한정 기술과 고유명사*Problèmes de référence : descriptions définies et noms propres*》(Université de Metz et Paris, Klincksieck,

65 예를 들어, 단어와 사물을 구별 없이 대상으로 삼는 'qu'est-ce qu'une brouette? une brouette c'est...'〔'brouette'는 무엇인가? 'brouette'는 …이다〕 유형의 표현들과 어휘에 관련되는 'que veut dire brouette? brouette veut dire'〔'brouette'는 무슨 뜻인가? 'brouette'는 …를 뜻한다〕 유형의 표현들이 구분된다. 키퍼F. Kiefer(*Essais de sémantique générale*, trad. franç., Paris, Mame, 1974)는, 비에르비슈M. Bierwisch의 뒤를 이어, "마름모꼴은 무엇인가?" 유형의 어휘적 질문과 "마름모꼴은 네 면이 있는 도형이다"와 같은 일상적인 정의를 연구한다(II장—"자연어에서 정의에 대한 고찰").

1981)가, 심리-담화적 관점에서는 오티에J. Authier의 저서, 《당연하지 않은 단어들*Ces mots qui ne vont pas de soi*》(t. I & II, Paris, Larousse)이 이 기술을 확장한다(*Langue française*, 73, 1987, *La reformulation du sens dans le discours* 참고).

IV. 종합—언어의 형태와 의미

기표와 의미작용 사이의 관계로부터 세 가지 교훈이 나온다.

1/ 모든 언어학적 의미론의 주요 쟁점은 언어들의 형태와 의미 사이의 관계를 파악하는 데 있다.

2/ 형태와 의미 사이의 관계는 너무 분명하여 명시하기 어렵다. 이 관계들은 철학적 전통이나 다양한 논리-수학적 전사轉寫에 의해 중재될 뿐 아니라, 다양하고 모순되는 언어학적 이해에 놓이게 된다. 따라서 우리가 언어들의 내적 조직 단계에 위치하는가 아니면 반대로 언어들의 사용 조건에 초점을 맞추면서 화용-발화적 · 사회학적 · 인지적 성격의 지식들과 연결되는 단계에 위치하는가에 따라 이 관계들에 대한 이해는 달라진다. 다른 한편, 기본 틀로 선택된 의미 단위에 따라, 우리는 단어 · 문장 · 텍스트 · 담화 안에서 이 관계들을 살펴볼 것이다. 이는 기술記術적 관점만큼이나 이론적 관점에서 중요한 차이를 가져온다.

3/ 언어의 의미작용은 의미의 구어 실험과 그것의 특별한 공식이 범위를 정하도록 도와 주는 종합적 의미 단위(단어, 구, 문

장, 발화체)의 단계에서 일상적 사용 안에 고정된다. 따라서 기표 형태들은 그들을 알아차리고 기억할 수 있게 해 주는 자율성을 얻고, 주어진 언어 체계 안에서 그리고 의사소통 안에서 그들의 가치를 결정하는 다른 형태들과 관계를 맺는다.

지금까지의 선결 요점 정리에 이어 언어 안에서의 의미 단위들을 살펴보기로 하자.

3장

의미론적 문제 제시 방법론의 중심에서

의미 단위들

"'의미작용'은 조각으로 된 부분이지만
그래도 남아 있는 것을 모아야 한다."
힐러리 퍼트넘, 《이성, 진리 그리고 역사》
(Paris, Le Seuil, 1981 : 40)

I. 의미 단위

우리는 싫건 좋건 오늘날 모든 언어학 이론들이 그렇게 하듯이, 단어와 문장이라는 두 개의 커다란 의미 단위 유형을 구분할 것이다. 앞에서 보았듯이, 단어는 사용 맥락으로부터 분리될 수 있고 주어진 언어 체계의 약호화된 단위로서 기억될 수 있다. 반면 문장은 자유롭거나(속담처럼) 고정되어 있는 문법적 구성이며 특별하거나 일반적인(총칭적 문장) 의사소통 상황에 연결되어 있다. 단어와 문장이 경우에 따라 의미적으로 상호 교환될 수 있다고 하더라도, 그들은 고유한 구조들과 기능으로 특징지어진다.

1. 단어

A) 무엇을 "단어"라고 부르는가? 단어는 친숙하지만, 막연해

서 윤곽을 정할 수 없는 개념이다. "정의해야 하는 어려움에도 불구하고, 단어는 정신에 명백히 대두되는 단위, 언어 기제 안에 중심이 되는 무엇이다"라고 소쉬르는 말한다(《일반 언어학 강의》: 154). 일상 용법에서 단어 개념은 동질이 아닌 의미 대상들을 가리킨다.

첫 번째 접근 방법에서, 단어는 한 언어의 어휘를 구성하는 자율적이고 안정적인 음성 · 문자 형태의 집합이다. 한 언어 공동체의 사용자들은 그들이 말하는 것을 가리키고 구분하고 규정하기 위해 단어들을 배우고 사용한다. 단어의 형태는 지각 가능하고 그것의 의미보다는 더 안정적이기 때문에, 그것을 알아차리고 기억에 고정하는 데 주요한 역할을 한다. 심리언어학자들에 따르면, 아이는 형태는 동일하지만 쓰임새가 다른 단어들을 어른과 함께 흔히 사용하며, 한 언어를 점차적으로 지배하고 지식이 향상되면서 발전해 나아간다.[66] 여기에 단어에 연결된 상징적 재현과 그림의 형상적 재현 사이의 근본적인 차이점이 있는 것이다.

의미 차원에 대해 공통된 의견은 단어란 언어에 따라 변화 가능하고, 인간, 사물이나 사건에 주어지며, 이들을 식별하고 구별할 수 있게 해 주는 명칭이라는 것이다.[67] 이 명명 기능을

---

66 예를 들어, 브레송F. Bresson은 4-5세의 프랑스어권 아이들이 "관사 형태"를 가지고 있으면서도, 몇몇 경우, 어떤 가치들로는 "관사들을 사용하지 못한다"라고 지적한다("L'acquisition du système de l'article en français", *Problèmes actuels en psycholinguistique*, Paris, CNRS, 1974 : 61-66).

어린아이들은 친숙한 사람들을 가리키기 위해 인칭 고유명사를 사용하면서 제법 일찍 습득한다. 이 기능이 원형적 단어의 특성이라는 것은 명명하는 단어들과 명명하지 않는 단어들 사이의 이분법에서 생기는데, 이 이분법은 실사/허사, 어휘 단위/문법 단위 등 다양한 용어로 쓰이는 수많은 문법 전통에서 증명되었다. 이 이분법은 언어 기술에서 문법과 사전의 구분으로 강화되었다. 이는 어쨌든 인위적 수단 · 중첩 · 잉여 · 결함 없이는 진행되지 않고, 의미 층위에서 형태 통사적 · 어휘적 특성들의 상호 작용을 은폐하는 업무 분담이다.[68]

단어들의 명명 의미에 대한 이런 견해는 논리학자, 언어학자, 심리학자들의 좀더 심오한 연구에 의해 맹렬히 공격받았다. 1892년부터, 프레게는 '아침별étoile du matin', '저녁별étoile du soir'과 같은 두 표현이 두 개의 다른 지식 양태를 통해, 같은 혹성인 금

67 언어들이 그것을 구성하는 단어들로 귀착된다는 생각은 흔히 "단어"와 "언어"를 구별 없이 가리키는 하나의 용어가 있다는 것으로 표현된다(예—고대 그리스어의 'logos'나 일본어의 'kotoba'와 '-go').

68 예를 들어, 레드보브에 따르면, 형태의미적 정의는 어휘의 약 63%를 분석하게 해 준다(예를 들어, 파생어나 합성어에 대해, 우리는 어휘적 기본형을 참조하고 문법적 접미사의 환언적 등가치를 부여한다 : 'vaccinateur'—'qui vaccine'〔종두를 하는〕, 'débitage'—'action de débiter'〔자르는 행위〕. 혹은 구성 성분들 사이의 관계를 명시한다 : 'coupe-papier'〔종이칼〕—'instrument qui sert à couper le papier'〔종이를 자르는 데 쓰이는 도구〕). 게다가 사전 편집자는 통사적 기능을 고려하면서 정의된 것과 그 정의 사이의 등가를 세운다 : "명사는 명사구로 정의되고, 동사는 동사구로 정의된다"(J. Rey-Debove, *Etude linguistique et sémoitique des dictionnaires français contemporains*, La Hague/Paris, Mouton, 1971 : 202-207).

성을 가리키는 데 쓰인다고 지적한다. 그는 이로부터 단어들은 의미작용을 단지 지시작용Bedeutung, 즉 하나의 명칭으로 사물을 가리킬dénoter 수 있는 능력에서만 끌어내는 것이 아니라, 정신적 구성을 결정하는 기술적 의미Sinn에서도 끌어낸다고 결론짓는다. 한편 소쉬르는 한 언어를 하나의 목록nomenclature으로 귀결시키는 생각을 밝힌다(《일반 언어학 강의》 : 97). 그에게 언어학적 의미는 단어와 사물 사이에 개입하는 명명 관계의 층위에서 연구해야 할 것이 아니라, 각 언어가 구성하는 닫힌 체계의 용어로서 단어들을 통합하는 관계의 층위에서 연구해야 할 것이다. 게다가 명사 습득에 대한 심리학자들의 많은 연구들[69]은 브레송F. Bresson이 쓴 것처럼, "명명 과정은 사물과 단어 사이의 단순한 연결을 의미하는 것이 아니라, 그보다는 새로운 이해 체계의 구축 안에서 이루어진다"는 것을 보여 주고자 한다.[70] 임상신경심리학과 두뇌 단층촬영의 새로운 기여를 통해, 뇌의 다양한 영역이 명명 활동과 단어의 기억화 활동에 사용된다는 것이 밝혀졌다(뇌 분리 환자, 명칭 실어증, 즉 사물 명명의 어려움의 경우, Springer-Deutsch, 2000 : 182-191).[71] 그러한 연구들은 인류가

69 J. Macnamara, *Names for Things*, Cambridge Mass., MIT Press; "La dénomination", *Langage*, 1984 : 76 참고.

70 "Inferences from animals to man : Identifying behaviour and identifying functions", *Methodological Problems in Ethology*, ed. M. von Cranach, La Hague/Paris, Mouton, 1976 : 335 참고.

71 S. Springer, G. Deutsch(2000), trad. franç., *Cerveau gauche, cerveau droit*, Bruxelles/Paris, De Boeck Université 참고.

명명의 생물학적 기초, 언어 상징과 정신적 재현을 연결하는 선천적인 성향을 유전적으로 지닌다는 것을 확증한다. 하지만 이 연구들은 또한 특히 기억화 작업 안에서, 단어의 범주적 조직에 따른 피질의 여러 층위 안에 위치화 과정, 프라이밍(한 대상에 대한 이전의 무의식적 자극이 이후 그 대상을 의식적으로 지각하는 속도에 영향을 미친다—옮긴이)에 의한 회복 과정을 밝혔는데(H. & A. Damasio, 〈어휘 검색을 위한 신경 기초A neural basis for lexical retrieval〉, *Nature*, 380, 1996 : 499-505), 이는 한 어휘 체계의 경제성 원칙에 의해 조건지어진 용어들의 의미적 상호 의존성을 증명한다.

끝으로, 논리학자들과 언어학자들은 오늘날 세 번째 단어 종류를 인정한다. 지시체를 명명하지 않고 화자, 발화 장소와 시간과의 관련하에 위치시킴으로써 지시체를 가리키는 직시어déictiques, 즉 '여기', '나', '이것'과 같은 지시적 상징symboles indexicaux이 그것이다.

따라서 단어라는 공통 개념은 어휘적 · 지시적 · 문법적이라는 세 가지 다른 성격의 의미작용에 속하는 형태들을 포함하는 것으로 보이며 이는 개별적으로 연구되어야 한다.

B) 어휘 단위—한 체계의 대상 명명과 용어 어휘 단위의 의미적 특성은 하나의 어휘 체계에 속하는 용어이자 명명이라는 이중 지위와 관계되는 것 같다. 예를 들어, 'marcher'(걷다, 나아가다, 작동하다, 진행되다)의 의미작용은 그것이 가리키는 이동

활동의 특징과 이 용어가 프랑스어 어휘 체계 안에서 'avancer lentement'(천천히 나아가다), 'progresser'(전진하다), 'rouler'(차가 달리다), 'courir'(달리다) 등 다른 용어들과 갖는 상관성, 대립 관계와 동시에 관련된다.

(1) **명명 기능**———어휘 단위의 명명적 지위는 〈Y를 X라고 부른다〉, 〈Y는 X라고 불린다〉, 〈X는 Y의 이름이다〉(예를 들어, [머리를 어깨와 연결하는 신체의 부분]$_Y$을 [목]$_X$이라고 부른다, 목은 …의 이름이다)와 같은 설명 형식 안에서 X의 위치에 나타날 수 있는가에 따라 확인된다. 그리고 때때로 '목이란 이것이다'의 경우처럼 직접 지시와 연결되어 나타날 수 있다. 일단 정해지면 명명은 명명된 것과 관계하게 되며, 명명된 것을 현존하는 것으로서 가리키거나 혹은 명명된 것이 부재할 때에는 환기하는 데 사용될 수 있다. 따라서 명명은 상징적 대체물이 되는 것의 존재를 가정한다(그것이 범주이든, 생명체이든, 실제 사물이든, 상상의 사물이든, 허구의 사물이든, 이론적 사물이든, 구체적 사물이든). 언어학적 관점에서, 명명은 단어의 다른 부류들보다는 명사nom—명칭적 이름과 실사적 명사를 지칭할 수 있다(영어에서는, 'name'/'noun')—의 문법 범주에 훨씬 더 긴밀하게 연결되어 있다. 명사 형태의 명명에 대해, 논리학에서 세운 유일항과 일반항이라는 이분법에 따라, 특별한 것에 주어진 명명과 범주에 주어진 명명을 구분한다. 다른 명명 형태들 특히 동사 형태와 관련하여 단일 출현 사건이나 다출현 사건 사이의 대립이 작

용하는 것은 단문의 조합 단계에서이다(F. Renaud, 2005, *Temps, durativité, télicité*). 따라서 고유명사의 의미는 한 언어의 어휘 체계에 통합되기보다는 특별한 지시체에 연결됨으로써 독립적으로 정의된다.[72] 따라서 고유명사는 흔히 동의성이나 반의성의 구조적 관계와 번역을 벗어나고, 어휘와 역사의 바깥에 있는 하나의 전문 영역, 즉 고유명사 연구onomastique(남녀 이름 체계, 가족 성, 장소 이름 체계 즉 지명의 체계)의 대상이 된다. 그러나 어휘적 성격의 변두리에 남아 있으면서도, 고유명사는 몇몇 화용-언어학적 형성 규칙의 지배를 받는다. 학술적이고 통속적인 어휘 체계가 있다. 기로(《프랑스어 어휘의 어원학적 구조*Structures étymologiques du lexique français*》, 〈1967〉, Paris, Payot, 1986 : 251)가 제시하듯이, "언어의 꽃들은 린네Linné의 꽃들과 다르다"(예를 들어, 'queue de renard'/'amarante caudée'〔맨드라미〕). 특별한 분야에서, 유일한 사물들의 명명 모형들이 있다(예술품 제목, 길 이름). 이들은 보스르동B. Bosredon(《그림 제목들—동일화의 화용론*Les titres de tableaux. Une pragmatique de l'identification*》, Paris, PUF, 1997)이 신호 체계signalétique라고 부른 것을 구성한다.

일반 용어들(문법학자들의 보통 명사, 동사, 형용사, 부사)은 사물·사건·특성이라는 구분되는 범주에 부여된, 약호화된 어휘

---

72 프랑수아F. François는 다음과 같이 명시한다. "고유명사는 일반적으로 한 사람에만 적용될 형태로서 고유하지 않다. 수천 명의 'John'이나 'Jean'이 있다. 〔…〕 고유명사는 하나의 이야기, 성격들을 지닌 사물이나 사람의 이름이다"(*Le discours et ses entours*, Paris, L'Harmattan, 1998 : 155).

적 호칭이다. 이 호칭들은 범주에 적용될 뿐 아니라 범주의 모든 구성 요소에도 적용된다. 레드보브(《프랑스어 사전 연구*Etude des dictionnaires français*》, 1971 : 222)가 지적하듯이 "자연 언어활동에서, 부류classe는 그것을 구성하는 모든 요소들의 이름을 지니기 때문이다". 이 지시작용 방식은 오직 명명되는 개체에만 연결된 특별한 용어들의 지시작용과 다르다. 이 차이는 호칭 구문 통사에서 드러난다. 'Cette espèce d'animal s'appelle chat'〔이 동물 종류는 고양이라고 불린다〕는 의미에서 'Cet animal s'appelle UN chat'〔이 동물은 고양이라고 불린다〕, 'L'animal qui est là, ÇA s'appelle/c'est UN chat, *IL s'appelle un chat'〔저기 있는 동물은 고양이라고 불린다〕라는 발화체에 대해, 'Cet enfant/ELLE (*ÇA) s'appelle Marie'〔이 아이/그녀/(*이것)는 마리라고 불린다〕라는 발화체가 대립된다('*'는 비문을 표시하는 언어학 부호이다—옮긴이). 보통 호칭의 또 다른 특징은 이것이 흔히 다른 범주들을 명명하는 데 쓰인다는 것이다. 이는 우연한 **동음이의어**('avocat'〔변호사〕와 'avocat'〔과실 이름으로서 아보카도 열매〕)나 새로 만들어진 의미의 축적('plume'〔새 깃털〕과 'plume'〔펜〕), 언어 층위에 따른 차별화('docteur'〔의사〕/'toubib'〔의사—구어〕), 지역적, 전문적 사용 공동체('bar'〔농어〕/'loup'〔농어〕) 등에 의한 고유한 다의성에 관련될 수 있다. 작가라면 이름을 변형하는 놀이를 할 수 있다. "음악 상자는 카펫이라고 한다. 카펫은 램프라고 한다. 천장은 마루라고 한다. 마루는 천장이라고 한다"(이오네스코, 《콩트*Conte*》, Paris, Gallimard, 1983). 어휘적 명명은 이처럼 불안정하고 열린 집합을 구성하며, 그것의 진화는 수많은 내적 · 외적 요인들에 따른다. 역사 의미론은 어휘 소멸 · 침식 · 화석화 · 창조 과정을 지배하는 **법칙들**(브레알에 따르면 두 개의 동의어를 구별하는 분배 법칙)을 끌어냈다. 기로에게 있어 "어휘 진화는 근본적으로 의미의 특별화나 제한, 그리고 필연적인 귀결인 의미의 일반화나 확장", 과대평가되었던 전의(의미 변화)의 역할에 "근거한다".[73] 끝으로, 고유명사와 달리, 보통 호칭은 지시체의 특성에서만 그들의 기술 의미를 끌어내는 것이 아니라, 어휘 체계의 다른 용어들이 그들에게 부여하는 한정에서도 끌어낸다.

(2) **체계적인 어휘 의미**———사전 편집의 전통은 단어의 정의에 한정된 언어 사전과 사물의 정의에 한정된 백과사전적 사전 간의 분리 원칙을 세워, 순수하게 어휘적인 의미를 기술하고자 한다. 실제로 이 구분이 항상 지켜지기가 쉽지 않다고 해도,[74] 이러한 구분은 특히 이중언어 사전의 제작과 함께, 각 언어 어휘의 내적 조직이 강요하는 개념적 구분의 다양성을 드러나게 한다. 예를 들어, 일본어에서 'mizu'〔찬 물〕와 'yu'〔더운 물〕라는 단어가 공존하기 때문에 구분이 불가피하지만 프랑스

73 *Structures étymologiques du lexique français*, Paris, Payot, 〈1967〉, 1986 : 227 참고. 어휘와 수사학 단계에서 은유, 환유 사이의 차이에 대해서는 I. Tamba, "Sens figuré et changement de sens", *L'Information grammaticale* 1, 1979 참고.

74 E. Lecomte-Hilmy(1989), "Du statut des noms propres dans cinq dictionnaires français", *Cahiers de lexicologie*, 54 참고.

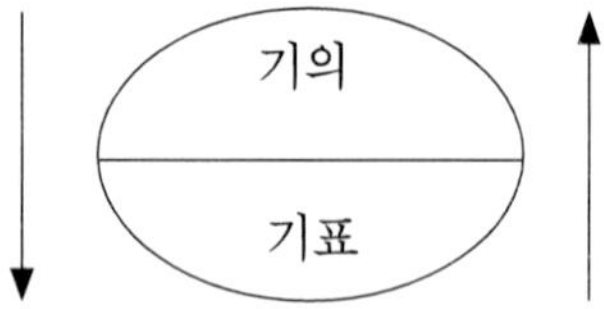

그림 1. 언어 기호

어에서는 이 구분을 총칭적 명명인 'eau'〔물〕가 중화한다.

소쉬르가 문제의 방향을 바꾼 것은 순수하게 언어학적인 이 성격을 설명하기 위해서이다. 그는 단어-명명에 대한 일상적인 견해를 비판하고, 이를 랑그langue라는 기호 체계에 의존하는 단어-기호의 이론으로 대체할 것을 제안한다. 그렇게 정의된 랑그는 언어학자가 언어활동langage의 다형多形적이고 불규칙한 총체로부터 구축할 수 있는 일관성 있는 유일한 연구 대상을 구성한다. 언어 단위의 위상은 그것의 내적 특성에 관련되는 동시에 체계의 다른 단위들과의 관계에도 관련된다. 두 개의 도표(《일반 언어학 강의》: 158-159)가 기호의 이중 차원의 정의를 시각화해 준다. 첫 번째 도식(그림 1)은 타원형의 닫힌 기하학적 형태로 독립된 기호를 나타낸다. 이 타원형은 안이 둘로 나뉜 실체의 경계를 확정하는데, 윗부분은 기의signifié, 아랫부분은 기표signifiant이다. 서로 반대 방향을 향하는 두 개의 화살표는 이 부분들의 상호 의존을 표시한다. 이 첫 번째 도식은 기호의 자율성과 내재적 이중성을 강조하기 위한 것이다. "모든 것은, 그 자신을 위해 존재하는 닫힌 영역으로 간주된 단어의 경계 속에

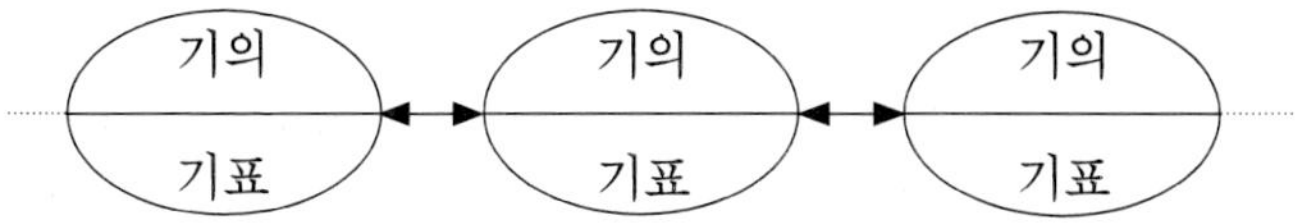

그림 2. 언어 기호들 사이의 관계

서, 청각 영상[기표]과 개념[기의] 사이에서 일어난다"(《일반 언어학 강의》: 158-159)고 제시함으로써, 소쉬르는 한편에는 소리의 물질적 영역(생리학에 속함)의 기표를, 다른 한편에는 사고 영역(심리학에 속함)의 기의를 분리한다.

두 번째 도식(그림 2)은 언어 기호가 독립적으로 존재하지 않고, 단지 관계와 상대적 가치를 측정하는 체계의 연대적 요소들, 즉 용어들termes로서 존재한다는 것을 보여 준다. 이 체계는 "그 자체로 전체이며 분류 원리"로 이해된 언어이다(《일반 언어학 강의》: 25). 따라서 언어의 고유한 질서에 의해 세워진 관계들은 언어학자의 영역인 유일한 관계들처럼 제시되어 있으며, 이는 파롤parole에 속하는 어휘의 용법과는 관계 없을뿐더러, 역사나 사회학의 영역인 단어와 사물 사이의 명명 관계와도 관계 없다.[75]

75 오루S. Auroux는 "명칭학onymique, /나무/처럼 언어가 목록이라고 생각하게 하는 명칭들의 경우"에 대해 《일반 언어학 강의》의 발표되지 않은 메모를 인용한다(R. Engler, *Lexique de la terminologie saussurienne*, 1968 : 37). 소쉬르는 이런 명칭들에서 "그 자체로 충분히 정의되어 기호의 일반 법칙을 벗어나는 외적 존재"를 상기시키는 예외들을 본다(S. Auroux, *La philosophie du langage*, Paris, PUF, 1996 : 116).

밀네르J.-C. Milner(《구조의 여정*Le périple structural*》, Paris, Le Seuil, 2002 : 26-28)가 강조하듯이, "소쉬르는 모든 재현 이론과 단절되는 기호의 모델을 구축한다". 언어학자는 "기호와 의미된 사물 사이의 관계"를 다룰 것이 아니라, 다만 기표와 기의의 연결을 다루어야 한다고 소쉬르는 주장한다("언어 기호는 사물과 명칭을 연결하는 것이 아니라 개념과 청각 영상을 연결하는 것이다",《일반 언어학 강의》: 98). 그러나 기호 안의 두 부분 사이의 관계는 재현이라는 비대칭적 관계가 아니라 결합이라는 대칭적 관계에 해당한다. 브레송이 밝히듯이, "재현에 대해 말하기 위해서는 두 대상(실제적 혹은 정신적) 체계들 사이에 관계가 있어야 한다. 이때 하나는 다른 것을 재현하고, 다른 것은 재현된 것이다. 이 관계는 일반적으로 비대칭적이다"(〈재현과 소통의 기능Les fonctions de représentation et de communication〉, *Psychologie*, 1987 : 935, Paris, NRF, "Encyclopédie de la Pléiade" : 933-982). 이전의 이론들이 근거를 두는 것은 물론 비대칭적인 재현 관계이다.[76] 이 이론들에서 지각할 수 있는 기호는 지각할 수 없는 다른 사물을 가리키거나 의미하는 데 쓰이는 것이며, 그 반대 방향은 가능하지 않다(연기가 불을 가리키며, 단어가 생각을 가리키는 경우처럼). 기호에 대한 비대칭적 재현 가능의 착상 그리고 소쉬르의 기표와 기의의

---

76 기원전 6세기부터 소크라테스 이전 학자들에게서 찾아볼 수 있는 기호에 대한 고대 그리스의 기원 이후, 인도와 아랍의 이론을 거쳐 오늘날에 이르기까지 기호와, 기호의 파란곡절의 긴 역사에 대한 개괄을 위해서는, A. Rey, *Théories du signe et du sens*, I, 1973; II, 1976, Paris, Klincksieck 참고.

대칭적 결합 사이의 혼동은 이후 기호학 이론들에서 혼합을 야기했다.[77] 그리하여 양면을 지닌 기호에 대한 소쉬르의 주장은 흐려지고 결국 언어 의미론의 영역에서 사라지게 되었다.[78]

반대로 언어를 기호 체계로 보는 주장은 더욱 풍요로워졌다. 그것은 공시적 구조 의미론의 주된 공리를 구성하는데, 연구 영역을 어휘 체계에 내재된 의미 관계에 한정한다. 그러나 구조적 의미의 이러한 발견은 다른 의미 유형을 배척하지 않고 의미론 영역을 확장시켰다. 예를 들어 벤베니스트는 두 유의미성 양태modes de signifiance의 공존을 제시하는데, 하나는 그 단

---

77 행동주의에서 영감을 받은 오그덴과 리처즈(C. Ogden & I. Richards, *The Meaning of Meaning*, London, Routledge & Kegan Paul, 1923)의 기호 삼각형은 그것이 상징, 사고, 지시체 사이에 비대칭적 관계를 세울 때에도 언어 기호의 많은 조정의 기초가 된다. 예를 들어, 울만(S. Ullmann, *The Principles of Semantics*, Oxford, Blackwell, 1951, *Précis de sémantique française*, Berne, Francke, 1952)은 명칭, 의미, 사물을 중심으로 의미 삼각형을 제안한다. 필자는 기의에 연결되고 지시체를 명명하는 의미 형태로 단어를 정의하였다(*La sémantique*, 1988).

78 형태와 의미를 연결하는 불연속 단위로서의 기호가 지니는 문제점은 엘름슬레우에게서 유래된 의미론/기호학 흐름 안에서는 유지되었지만, 형식/인지 문법에서는 사라졌다. 예를 들어 생성 문법은 통사적 · 음운적 · 의미적 자질들의 집합으로 어휘 항목을 정의한다. 이는 밀네르(J.-C. Milner, *Le périple structural*, 2002 : 43)에 따르면 "기표/기의 결합의 전위(그리고 분열)"일 뿐이며, "소쉬르를 그렇게 몰두하게 했던 문제는 그처럼 흩어진 것처럼 나타난다". 기표와 기의의 개념이 수많은 신경생리학적 현상으로 잘게 부서진다는 점에서, 기표와 기의의 결합은 또한 모든 인지적 검사를 벗어난다. 이는 뇌의 단계에서 그들의 결합 문제를 무효화시키는 반면, 명칭과 사물 사이의 문제는 몇몇 상해傷害와 관련될 수 있다.

위가 소쉬르식 기호인 기호학이고, 다른 것은 그 단위가 단어인 의미론이다. 그리고 그에게는 기호와 단어의 동형성보다는 이들의 기능적 양립이 더 중요하다. "의미적 표현의 도구인 단어는 물질적으로 기호학 목록의 '기호'이다." 그러나 "우리가 그것을 기호로 혹은 단어로 보는지에 따라 모든 것은 같은 어휘 실체의 다른 위상을 드러나게 한다"(《일반 언어학의 제 문제》, II : 227-228). 물론 형태의 일치를 제외한 모든 것이 중의성의 원인이 될 수 있다. 비트겐슈타인이 지적하듯이, "'C'est…'〔…이다〕 유형의 명제 안에서 특징적인 것의 귀결점은 어떤 식으로든 실재는 우리가 기호 체계라고 부르는 것 밖에 있으면서 상징 안으로 들어간다는 것이다"(《철학적 탐구》, no 95). 이처럼 공통 언어를 중개로 의사소통 안에 화자들의 지식이 침투함으로써 언어 체계는 그 고유한 성격의 외적인 의미 관계에로 열리고, 소위 성분 분석이라는 구조주의적 의미 분석 모델에 근거한 의미 작용의 전적으로 내적인 기술은 가로막히게 된다.

따라서 하나의 어휘 단위는 장기 기억에 저장된 불연속 형태와 그것의 기능적 양립으로 특징지어진다. 명명으로서 어휘 단위는 지시체들을 가리키고, 한 언어 체계의 용어 즉 담화 구성의 구성 요소로서 어휘 단위는 체계적인 연결과, 다른 어휘 단위들과의 담화적 결합으로 결정된다. 어휘 단위들 사이에 체계 내적 관계들을 고려하는 것은 아리스토텔레스의 "정의하는 것은 사물이 무엇인지를 혹은 그 명칭이 의미하는 것이 무엇인지를 보여 주는 것이다"(《분석론 후서》, II, 7, 92b, 25)라는 점과 관련하여 관점의 변화를 나타내지만, 아직도 신경과학이 밝히기 시작한 두뇌 활동에 연결된 문제가 남아 있다.

C) 직시적 단위 목록이 열려 있는 어휘 단위와는 달리, 직시적 단위들은 유한한 형태 집합을 구성하며, 그 계열체가 언어마다 다르다. 프랑스어에서는 발화 상황과 관련하여 사물(ça〔이것〕), 인칭(je〔나〕), 장소(ici〔여기〕), 시간(hier〔어제〕)의 위치를 정하는 직시어들을 구분한다. 하지만 이 모든 직시적 단위들은 "발화 맥락을 반드시 참조하는 것을 내포하는 정의적 의미 특성"을 지닌다(G. Kleiber, 1986 : 4-21, 〈직시소, 연동소, '재귀-징표', 지표적 상징 등—이것들을 어떻게 정의할 것인가Déictiques, embrayeurs, *token-reflexives*, symboles indexicaux, etc : comment les définir〉, *L'information grammaticale*, 30).[79]

'ça'를 예로 들어 보자. 화자는 자신이 그것을 사용하는 순간 지각 영역에 있는 무인가를 기리키기 위해 'ça'를 사용한다 마이야르M. Maillard는 'ça'에 "아직 명명되지 않은 것—혹은 명명될 필요가 없는 것"[80]을 가리키게 해 주는 대-명사화 기능을 부

---

79 이 논문에서 클레베르는 직시어의 지시적 가치에 관심을 가진 것은 우선 논리학자들임을 상기시키면서, 퍼스에서부터 당시 논리학자들에게까지 직시적 기호의 문제에 대한 전체적인 조망을 제시한다. 그는 미 대륙에서는 야콥슨(*Les embrayeurs, les catégories verbales et le verbe russe*, 1957), 프랑스에서는 벤베니스트(*Problèmes de linguistique générale*, 1966)와 같은 언어학자들이 어떻게 문제를 발화 영역으로 옮겼는지 그리고 문제가 어떻게 조응소로 확대되었는지(F. Corblin(1987), *Indéfini, défini et démonstratif*, Droz, Genève; G. Kleiber(2001), *L'anaphore associative*, Paris, PUF)를 보여 준다.

여한다. 지시체의 현존만이 'ça'에 의해 이해된다. 클레베르 (〈'chose'라는 단어는 그렇다면 어디에 사용되는가Mais à quoi sert donc le mot chose?…〉, *Langue française*, 73, 1987 : 127)에 따르면, 이런 식으로 'ça'는 "근본적으로 명칭이 없거나 그렇게 이해된 실체를 가리키거나 부르는 데 쓰이는" 단어 'chose'〔것, 거시기〕(혹은 'truc'〔것〕, 'machin'〔… 것〕)와 유사하다. 따라서 'ça'는 명명 형식('ça s'appelle X'〔이것은 X라고 불린다〕)이나 직접 가리키는 명시('marcher, c'est faire comme ça'〔걷기는 이렇게 하는 거야〕)에서 흔한 사용이다. 따라서 'ça'는 특수하거나 일반적인 지시체를 가리키는 특성을 어휘 단위와 공유하지만, 접근 방식이 다르다. 직시어는 발화 작용 맥락 안에 지시체의 위치를 정함으로써만 담화적 지시체에 접근하는 반면, 어휘 단위는 한 언어에 미리 약호화된 명명 과정을 반드시 거쳐야 한다.

D) 문법적 의미 단위 문법 단위들은 어휘 항목의 문법적 위상을 가리키는 범주적 자질에 상응하거나, 단어나 문장에 관련되는 관계사들에 상응한다. 첫 번째 경우, 문법 단위들은 어휘적 용어에 연관된 형태소의 형태로 나타나거나(예를 들어, 명사 'petitesse'〔작음〕는 형용사 'petit'〔작은〕와는 종결 접사로 구별되고, 'nous sortons'〔우리는 나간다〕은 'sors'〔sortir(나가다)의 1인칭 현재형〕와 동사의 인칭 표지로 구분된다), 어휘 단위의 통사적 분포 단

80 "Un zizi, ça sert à faire pipi debout!", *Rencontre(s) avec la généricité*, éd. G. Kleiber, Université de Metz, 1987 : 171 참고.

계에서 나타난다('mur vert'〔푸른 벽〕: 명사 + vert → 형용사 / 'le vert'〔녹색〕: 관사 + vert → 명사). 두 번째 경우, 문법 단위들은 다른 차원의 단위들 사이의 의미적 관계를 가리킨다(부정, 두 사건 사이의 인과적 혹은 시간적 연결).

직시적 단위들과 마찬가지로, 문법 형태소들은 유한한 수이며, 상대적으로 안정된 계열에 속한다. 하지만 어휘 단위나 직시 단위와 달리, 문법 형태소들은 지시적 기능이 없으며 그들의 의미작용은, 예컨대 동사 인칭 계열처럼, 같은 문법 계열의 다른 형태들과의 대립을 통해서만 결정된다.

다른 한편, 문법 형태소들은 개념을 재현하는 것이 아니라 작용을 가리킨다. 정보과학에서의 구분을 빌리자면, 그들은 서술적déclaratifs이 아니라 실행적procéduraux이다. 이는 언어 단위들 사이에 관계를 만드는 데 쓰이는 언어학적 작용 기호들이다. 예를 들어, 'lampe de poche'〔손전등〕에서 'de'는 'poche'〔주머니〕가 'lampe'〔전등〕를 한정한다는 것을 가리키며, 한정 결과는 전등의 특별한 한 종류를 구분하는 것이다.

언어들이 그들의 단위를 어휘와 문법이라는 자율적인 두 체계로 조직하는 경향이 있음에도 불구하고, 그들 사이에는 교류가 있다. 통시적인 관점에서, 문법 요소들은 흔히 어휘소에서 나오며, 그 반대는 훨씬 드물다. 몇몇 단위들은 이중 기능을 합친다(예를 들어, 'aller'〔가다〕는 이동〔aller à l'école(학교에 가다)〕을 가리키거나 미래〔tu va comprendre(너는 이해하게 될 것이다)〕를 나타낸다). 모든 것은 마치 문법화가 한 의미 형태의 지시적 능력을 약화시키면서 그것을 통합하는 계열체에 비해 의존을 강화시키는 이중 절차를 사용하는 것처럼 이루어진다.

E) 단어 차원에서 형태와 의미 사이의 관계에 대한 결론 단어들에 고유한 이 세 종류의 특징들은 다음의 세 가지 일반적 구도에 따라 의미작용을 하는 구조들의 점진적인 진전을 암시한다. 즉 1/ 직시적 형태를 사용하여 지시체가 현존하는 상태에서 직접적인 "자연 환경에서의in situ" 지시désignation. 2/ 발화 상황에서 지시적 용법의 명명을 분리하여, 그들의 기의를 차별적으로 정의하는 어휘체계의 용어로 기억하게 해 주는 어휘화lexicalisation. 3/ 규칙적인 조합 작용을 기록하는 데 쓰이는 문법화grammaticalisation[81].

비트겐슈타인이 말하듯이, "언어활동의 교육은 설명이 아니라 훈련"(《철학적 탐구》, no 95)이라면, 언어 구조가 부분적으로는 그것의 습득과 전달의 인류학적 양태에 의해 조건지어진다는 점에 놀라야 하는가? 하지만 부분적으로만 그러하다. 왜냐하면 각 구조 유형은 기호학적 조직의 제약, 그리고 사회적·역사적·지정학적 성격의 정세 요인들에 부응하는, 그에 고유한 내적 질서를 확립하기 때문이다.

---

81 언어들의 기록은 여러 조직 단계를 강화시킬 수 있다. 예를 들어, 일본어 글씨는 한자로 적힌 개념적 어휘 부분과, 음절 기호로 쓰인 단어의 문법적 부분의 대립을 보여 준다. 그리고 어떤 용어가 문법화될 때, 그것이 어휘소로 기능하면('toki' = "시간") 한자로 기록하고, 연결사로 기능하면('toki' = "… 때") 음절 기호로 적는 경향이 있다.

II. 언어의 의미 구조

A) 어휘 구조 오늘날에는 흔히 어휘 단위들이 동의성, 반의성, 상위성/하위성(때로는 여기에 부분성méronymie을 더하기도 한다)이라는 세 가지 커다란 유형의 구조 관계로 서로서로 연결되어 있다고 본다. '-onyme'(그리스어의 'onoma'〔명칭〕에서 유래)이라는 식자어적 기본형으로부터 통일된 용어를 채택하는 것은 어휘적인 용어들에만 그 특수성이 관련되는 규칙적인 관계들의 인식을 인정하는 것이다. 하지만, 그런 관계들은 통사적이거나 논리적인 성격에 속하는 의미적으로 유사한 관계들과 어떻게 구분되는가? 예를 들어, 접두사에 의해 어휘 단위에 표시된 'possible/impossible'〔가능한/불가능한〕과 같은 반의어 사이에 있는 반대 관계는 'c'est possible'〔가능하다〕: 'c'est pas possible//impossible'〔가능하지 않다//불가능하다〕와 같은 통사 단계의 부정으로 표시된 관계의 의미적 관점에서 볼 때 어떤 점에서 구분되는가? 상위 관계의 어휘 관계와 포함의 논리 관계를 구분하는 것은 무엇인가? 다음의 세 가지 관계에 대한 검토가 이를 밝혀 줄 것이다.

a) 동의성synonymie———일반적으로 같은 문법 범주에 속하고 거의 비슷한 의미를 지니는 다른 단어들을 동의어synonymes라고 부른다. 이러한 등가는 한 단어군이나 한 문장이 그 용어들 중 하나를 동의어로 대치했을 때 의미가 변하지 않는다는 사실에 근거한다. 예를 들어, 'avoir un deuxième/un seconde enfant'

〔둘째 아이를 갖다〕, 'arriver le deuxième/le second'〔두 번째로 도착하다〕 같은 표현에서 'deuxième'과 'second'은 동의어로 간주된다. 동의성에 대한 이런 보편적인 개념에서 출발해서, 우리는 다섯 가지 정의상의 특징을 끌어낼 것이다. 첫째, 동의성은 그것이 관련되는 용어들, 특히 약호화된 어휘 단위들에 의해 특징지어진다. 이것은 동의성에 대한 느슨한 견해를 배제한다. 즉 환언문이나 사전학적 정의 활동이 근거하는 (여러 단어로) 에둘러 말하는 재구성과 동의성을 서로 혼동하여 한 단어와 의미 단위의 다른 유형 사이의 의미상의 전적인 등가성으로 확대하거나, 언어학적 명명을 약자(PJ = police judiciaire〔사법 경찰〕), 부호(Pb = 납), 약어(télé = télévision〔텔레비전〕), 심지어 삽화에까지 결부시키는 등가성을 동의성이라고 간주하는 견해를 배제하는 것이다(M.-T. Cabré, 1998 : 188-189, 〈1992〉, 《술어학*La terminologie*》, Presses de l'Université d'Ottawa/A. Colin).

둘째, 동의성 관계는, 모든 특별한 사용 상황에서 떼어 놓은 가운데 정의의 유일한 틀 안에서 기억할 수 있는 안정된 의미작용을 판별하기에 충분한 최소 맥락 안에서 두 어휘 단위들을 교환할 수 있는 가능성에 근거한다. 따라서 일상적 언어활동과 사전학적 실천에서, 어떤 어휘 체계의 용어로서가 아니라 몇몇 문장 구조 요소로서 어휘 단위들 사이에 개입하는 관계로 동의성을 다룬다.[82] 실제로 사전들은 동의어들을 표제어가 된 어휘 항

82 "발화체의 의미를 구성하는 여러 단위들로 왜 발화체의 의미를 재배치하는가?"라는 질문에 대해, 빅토리B. Victorri는 "의미의 전체 구성 과정에서

목에 직접 결합시키지 않고, 사전 항목에 기록된 여러 의미들에 결합시킨다. 예를 들어, 'égal'의 경우, 동의어로 'mesurer des quantités égales'〔같은 양을 재다〕과 같은 맥락과 무관한 구성에서는 'identique'를 동의어로 적고, 'un rythme égal'〔규칙적인 리듬〕처럼 다른 구성에서는 'régulier'를 동의어로 적는다. 알다시피, 'régulier'와 'égal'은 서로 동의어가 아니다. 두 어휘가 모든 사용 맥락 안에서 의미 변화 없이 상호 교환될 때에만 동의어라고 규정하는, 완전한 혹은 절대적인 동의성을 지지하는 사람들 그리고 두 어휘의 몇몇 용법에 제한된 부분적인 동의성을 지지하는 사람들 사이의 논쟁은 이로써 일소되고 해결된다.

세째, 동의성은 상대적이고, 점진성을 지닌 의미의 유사성 관계처럼 보이는데, 이는 재귀성 · 대칭 · 전이성이라는 세 가지 특성으로 정의된 논리적 등가 관계와 구분된다. 직관적으로 프랑스어 화자는 'lorsque'/'quand'('quand/lorsque vous aurez fini, vous rangez tout'〔끝내면 모두 정리하세요〕 같은 시간적 용법에서), 'livre'〔책〕/'bouquin'〔책(구어)〕, 'grand'〔큰〕/'immense'〔거대한〕 쌍들 각각의 동의성 정도가 점점 약화되는 것으로 여길 것이다. 완벽한 동의성에 대한 생각이 형태 차이를 의미 차이와 결부시키는 경향이 있는 상식과 충돌한다고 하더라도, 실제로 어휘들이 몇 가지 용법에서 동일한 의미를 가질 수 있는 것 같다. 이 동일성이 부분적이고 두 어휘의 동의적 의미를 결정하는 구

각 단위가 획득한 의미를 명백하게 하는 환언문 현상 안에 설명이 있다"고 대답한다("Le sens grammatical", *Langage*, 136, 1999 : 88).

성 안에 갇혀 있다는 점에서, 동일성은 어휘 체계의 추상적인 용어에 관계되지 않는다. 따라서 한 언어의 어휘를 불필요하게 과부하할 잉여성의 명목으로 완벽한 동의성을 배척하지는 못할 것이다.[83] 오히려 언어들 간의 접촉 · 차용 · 어휘 체계의 진화가 이중어doublet를 구성하는 용어들을 경쟁하게 한다면, 둘 중 하나는 사라지거나 특수화될 것이다.[84]

네째, 동의성은 'X는 Y와 같은 것을 의미한다'와 같은 환언의 결과로 나타나는 명백한 지시적 차원을 지닌다. 그러나 두 어휘 단위들이 동의어가 되기 위해서 같은 지시체에 적용되는 것으로는 충분하지 않다.[85] 예를 들어 'madame'〔부인〕과 'maman'

---

83 예를 들어, 뒤마르세는 완벽한 동의어의 존재를 반박하는 두 가지 주요 이유를 제시한다. 1/ "완벽한 동의어가 있다면, 한 언어 안에 두 언어가 있을 것이다." 2/ "한 가지 생각에 대해 여러 단어를 갖는 것은 너무도 불필요하다". 그럼에도 불구하고 그는 어떠어떠한 동의어를 "사용하건 안 하건 상관없는 경우들이 있다"는 것과 "선택을 하는 것이 훨씬 나은" 다른 경우들도 있다는 것을 인정한다(Dumarsais, *Des Tropes ou des différents sens*, 〈1730〉, chap. 3, XII, 231-237, éd. F. Douay-Soublin, Paris, Flammarion, 1988).

84 브레알의 《분배 법칙*La loi de répartition*》 참고 : "동의어가 되었을 단어들, 실제로 동의어였던 단어들이 다른 의미를 갖게 되고 더 이상 서로서로 바꿔 사용될 수 없게 만드는 의도적인 질서를 우리는 '분배répartition'라고 부른다." 예를 들어, "'estime', 'respect', 'vénération'〔존경〕 사이에는 어원학이 부과한 어떤 점진도 보이지 않는다. 몇몇 구분을 정립하기 위해서는, 정확하고 명확한 사람들, 지위를 걱정하고 정돈된 사회가 필요했다"(《의미론》 : 26-38).

85 예를 들어 말름베르크B. Malmberg에게 있어 "다른 표현과 내용을 지니고 같은 지시체를 지니는 두 기호는 동의어이다"(*Signes et symboles*, Paris, Picard, 1977 : 373).

〔엄마〕은 'mère'〔어머니〕와 'maman'〔엄마〕처럼 등가가 아니면서 같은 사람을 가리킬 수 있다. 가령 'ta maman'〔네 엄마〕과 'ta mère'〔네 어머니〕 구를 비교한다면, 이들이 동일한 지시적 적용 진리 조건 그리고 동일한 기술적 의미를 가지며, 동일한 사용 영역을 공유한다는 것을 확인할 수 있다. 유일한 차이는 언어 층위와 관련된다('maman'의 경우 친근하고 어린애 같은 특성이 두드러진다). 반대로, 'voilà Madame'과 'voilà maman'은 다른 범주의 상호 관계(공손, 혈족)를 가리킨다. 여기에서 우리는 동의성이 지시작용과 연결되어 있다면, 그것은 역설적으로 동의성이 블룸필드나 바이C. Bally 이후로 외시적dénotatif 혹은 객관적objectif 의미라고 부르는 것의 차원이 아닌 공시적connotatif 의미 차원에 위치하기 때문이라는 것을 알게 된다. 외시적 의미가 지시체의 정의 자질을 결정하는 범주화와 식별에서 주된 역할을 하는 반면, 공시적 의미는 외시적 의미 위에 추가의 주관적 가치를 덧붙일 뿐이다(C. Kerbrat-Orecchioni(1977), 《공시*La connotation*》, Lyon, PUL).[86] 한 대상의 독특한 특성은 변별적이지만 분류적이지 않은 자질을 구성할 수 있다. 잘 알려진 것으로 색깔은 형태나 기능과는 달리 어떤 명사 분류소도 제공하지 않는다. 따라서 동의성은 미리 설정된 외시에 공시적 의미 자질을 덧붙일 수 있을 뿐이므로, 지시적 등가는 동의성의 결과가 아니라 조건이다. 동의어 사전들은 실제로 지역적(septante〔70. 벨기에 · 스

86 고전 수사학에서 공통 관념idée commune과 부차적 관념idée accessoire 사이의 차이를 상기시키는 차이이다.

위스 · 프랑스 남동부에서 사용—옮긴이〕/soixante-dix〔70〕), 기술적(contraire〔반대의〕/antonyme〔반의어의〕)으로 표시된 용어들, 어느 시대나 세대(고어, 유행어, 어린애 같은 애칭), 의사소통 층위(친근, 공손, 공식)에 국한된 용어들을 조사한다. 알다시피, 동의어의 번식은 은어, 감정적(욕) 혹은 성적(금기, 완곡어법) 어휘들의 한 특성이다.[87] 따라서 동의성은 단순히 의미적 근접의 문제가 아니라, 의미 유형의 문제이다. 발딩거K. Baldinger(《라루스 대사전*Grand Larousse de la langue française*》, "Synonymie", VII, 5897)의 "동의어의 23가지 구별 요소" 목록이 보여 주듯이, 언어적 의미작용의 외시적 구성 요소에 대한 충돌 없이, 동의성은 공시적 구성 요소에만 관련된다. 따라서 논리 언어에 비해 자연 언어를 특징짓는 동의성의 편재성은, 동의성이 집단의 눈에 특정 관점들을 구별하는 데 쓰이는 것보다 적은 수의 지시체 특성들을 담는다는 사실에 기인할 것이다.[88] 동의어 사전들이 자주 뒤죽박

---

87 기로에 따르면, 프랑스어에는 성행위를 가리키는 1,200개의 단어가 있다(*Dictionnaire érotique*, Paris, Payot, 1978).

88 브레알(《의미론》, 1905 : 37)은 "동의성을 보면, 우리는 한 나라의 생각이 어떤 대상들에 특히 몰두하는지 알 수 있다"고 쓴다. 팔머F.-P. Palmer는 좀 더 현대적인 용어로 다시 말한다. "한 언어의 단어들은 흔히 세상의 현실보다는 그 말을 하는 사람들의 관심사를 더 반영한다"(*Semantics*, Cambridge, Cambridge University Press, 1976 : 21). 동의성에 대한 이런 관점의 다양성을 프랑스어에서 서술적 시제 형태들의 다양성(반과거, 단순과거, 복합과거 등)과 비교할 수 있을 것이다. 르노에 따르면 이 시제 형태들은 "상호 사건 관계 구축에서 조촐한 역할을 한다"—즉 외시적, 객관적 측면에서—, 그들의 "주요 역할은 사건에 대한 발화자의 '관점'에 제한된다"("Comment interpréter le système de Reichenbach", *L'information grammaticale*, 99, 2003 : 10).

죽 수록하고 있긴 하지만, 하나의 범주에 상대적 뉘앙스를 덧붙이는 동의성과, 범주적 위계 안에서 하위 범주화하는 변별 자질을 부여하는 하위성hyponymie의 차이는 이해될 만하다. 예를 들어, 'sac'(주머니 종류)이라는 어휘 항목 아래 'sachet'(작은 주머니), 'cartable'(책가방), 'serviette'(서류가방)이 가방의 종류인 'havresac'(배낭)이나 'sac de montagne'(등산 배낭) 옆에 통합되어 있다. 동의어에 대해 "의미적 유사성이 차이보다 더 두드러진 단어들"이라고 제안하는 크루즈A. Cruse(《언어에서의 의미 *Meaning in Language*》, 2004 : 154)의 새로운 정의는 동의성의 일반 개념에 비해 진보를 나타내는 반면, 범주화와 지시작용에 관련된 외시의 차원에서 변별 기능이 없는 공시적 자질들에 제한된 의미 유사성의 근본적인 특성을 지적하지 않는다.

다섯 번째이자 마지막으로, 동의성은 본질적으로 어휘 단위의 명명 차원에 연결되어 있다. 보줄라C. F. Vaugelas, 지라르 신부abbé Girard 그리고 17 · 18세기의 다른 문법학자나 수사학자들이 지적했듯이, 동의어는 하나의 안정된 지시 범주 위에, 특정 이름을 부여함으로써 여러 재현을 구분하는 관점들을 투영한다. 하지만 우리가 내세우고자 하는 양상으로 인해 야기되고, 사용할 수 있는 어휘적 자원에 의해 유도된 이런 명명들의 기술적 특징에 대해 우리는 충분히 강조하지 않았다. 기로는 이런 유형의 명명을 한편으로는 체계적인 기준에 근거한 목록에 대립시키고, 다른 한편으로는 제한된 수의 변별 자질에 도움을 청하는 의소 분석에 대립시킨다.[89] 하지만 채택된 특성이 무엇이든지, 그것은 범주적 구분이 아닌 뉘앙스를 도입하는 데 쓰여야 한다. 그 결과 그중에서도 같은 영역 위에 정도를 이산화離散化하는 동의어들의 빈도가 생긴다(크기—grand〔큰〕/immense〔거대한〕; petit〔작은〕/minuscule〔미소한〕). 또한 결과적으로 언어들의 동의어들 사이에 불일치가 생기는데 이는 어휘소 단계에서 번역이 그 균형을 맞추게 된다(영어의 'shoes'에 해당하는 'chaussures', 'souliers', 'godasses').

요컨대, 동의성은 범주적 차이를 가리키는 것이 아니라, 동의어휘 단위들의 외시적, 즉 지시적 의미 위에 충돌 없이 하나의 뉘앙스를 가리키는, 다른 명명들 사이의 관계로 정의할 수 있다. 게다가 이 관계는 장기 기억에 약호화된 어휘 용어의 추상적 단계가 아니라, 다의적 어휘소의 의미 단계, 즉 규범적인 최소 구성의 틀 안에 자리잡는다. 이는 전체적인 외시적 의미의 변화 없이 오직 이 구성들에서의 동의어들 간의 상호 교환성으로 입증된다.[90]

---

89 수술과 암술의 특성에 근거한 린네의 관습적인 유형론에 맞서, 기로는 꽃이나 잎의 형태에 근거한 대중적인 식물 분류학 연구('oeil-de-chat'〔문자 그대로 '고양이 눈'—옮긴이〕 = 니겔라, 'queue-de-chat'〔문자 그대로 '고양이 꼬리'—옮긴이〕 = 속새)에 대해 "언어의 꽃들과 린네의 꽃들은 다르다"라고 결론짓는다. 그리고 모양(pouf〔쿠션의자〕), 기능(liseuse〔독서용 의자〕), 원산지(rocking-chair〔흔들의자〕)에 따른 의자들의 명명은 "최소의소 기준—등받이, 팔걸이, 자리 수"를 통한 포티에(B. Pottier, *Structures étymologiques du lexique français*, 1986 : 250-251)의 분석과는 다르다.

90 라이언스와 마찬가지로 "동의성은 다른 어떤 의미 관계보다도 높은 단계의 문맥에 의존한다"고 인정한다고 하더라도, 그로부터 "어휘 단위들의

b) 반의성antonymie——반의성이라는 용어는 19세기경 만들어졌는데 오늘날 의미론에서는 동의성 관계에 대립된, 반대 관계를 가리키기 위해 사용되는 경향이 있다.[91] 반의성은 동의성과 다음의 세 가지 정의적 특성을 공유한다.

1/ 반의성은 문법적으로 같은 범주의 어휘 용어들만을 연결한다. 예를 들어, 'large'〔넓은〕와 'étroit'〔좁은〕는 반의성 관계에 있지만, 통사적 단계에서 부정적 반대 관계로 연결된 'large'〔넓은〕와 'pas large'〔넓지 않은〕는 그렇지 않다.
2/ 반의성은 분리된 어휘 단위 단계에서가 아니라, 한 용어를 다른 용어로 대치하는 것이 반대 의미를 가져오는 표준적 최소 문맥 단계에서 이루어진다. 따라서 다의적 어휘 표제어는 여러 의미들에 연결된 서로 다른 반의어

나머지 의미를 변화시키지 않고 모든 동의성 예를 한 언어의 어휘 목록에서 삭제할 수 있을 것이라는 점에서, 동의성이 그 자체로 구조적 관계가 아니다"(*Linguistique générale*, 〈1968〉, 1970 : 345)라는 결론을 끌어낼 수 없다. 만일 동의성 예의 삭제가 범주적 구분에 손상을 입히지 않는다면, 그것은 그 삭제가 언어 단계에서의 이 구분을 보장하는 외시적 의미에 관련되는 것이 아니라, 마치 별명처럼, 공시적인 첨가 한정을 덧붙이는 데 그치기 때문이다. 어쨌든, 동의성이 변별적 이름으로 언어 안에 약호화되었다는 사실에 관련하여 우리는 그 구조적 성격을 부정할 수 없다.

91 라이언스와 그의 뒤를 이어 크루즈는 다른 용어를 택하는데, 총칭적 용어는 '반대opposite'로서 "상반되는 것contraire"을 말하고, '반의어antonyme'는 양극성(grand〔큰〕/petit〔작은〕)의 점진적 반의어들의 중심적 종류를 가리킨다(J. Lyons (〈1968〉, 1970), *Linguistique générale*; D. A. Cruse(1986), *Lexical Semantics*; (2004), *Meaning in Language*).

들이 있을 것이다(éclaircir/assombrir une teinte〔색을 밝게 하다/어둡게 하다〕; éclaircir/obscurcir une question〔문제를 명확히 하다/모호하게 하다〕).

3/ 반의성은 약호화된 별개의 명명으로서 어휘 안에 기재된다. 그러나 동의어와 달리, 서로 형태적 관련 없이 어휘 단위들만 짝짓는 것이(propre〔깨끗한〕/sale〔더러운〕) 아니라, 부정/결성 접두사에 의해(propre〔깨끗한〕/malpropre〔더러운〕, propre〔적절한〕/impropre〔부적절한〕, faire〔만들다〕/défaire〔해체하다〕), 혹은 합성 요소의 교체에 의해(pro/anti-américain〔친미/반미〕, américano-phile/-phobe〔친미/반미〕), 혹은 혼합 형성 방식에 따라(malade〔아픈〕/bien-portant〔건강한〕) 하나의 긍정적 용어로부터 파생된 반의어들도 짝을 이룬다.[92]

하지만 의미 단계에서 반의성은 그것이 내포하는 네 종류의 이분법적 대립 관계 그리고 부정과의 긴밀한 연관, 이원적 특성에 의해 동의성과 구별된다.

---

92 마르탱R. Martin (*Inférence, antonymie et paraphrase*, Paris, Klincksieck, 1976 : 64)은 'feu vert'〔파란 불〕/'feu rouge'〔빨간 불〕와 같은 관용구도 반의어에 포함시킨다. 반대 관계의 여러 표현 양식들은 다양한 언어에서 수많은 기술들의 대상이 되었다. 프랑스어에 대해서는 L. Guilbert, 1964, "Les antonymes", *Cahiers de lexicologie*, 1 : 29-44와 그가 쓴 항목 "Les contraires", *Grand Larousse de la LF*, II : 950-952 참고. 영어에 대해서는 라이언스(1970)와 크루즈(1986, 2004) 그리고 폭넓은 참고 문헌 참고.

반의성 관계는 근본적으로 이원적 대립에 근거한다. 이는 "Quel est **le** contraire de 'devant'? devant **ou** derrière"〔'앞'의 반대는 무엇인가? 앞 아니면 뒤〕와 같은 경우에서처럼 질문 혹은 양자택일의 결과이다. 중간 용어가 있다고 하더라도, 그것은 반의어 쌍에 의해 중화된다(chaud〔뜨거운〕/froid〔차가운〕, début〔시작〕/fin〔끝〕 쌍은 'tiède'〔미지근한〕와 'milieu'〔중간〕를 제외시킨다). 따라서 우리는 반의성 안에서 인간 인지활동의 특성인 이분화라는 좀더 일반적인 원칙이 어휘 단계에서 나타난다고 보는 경향이 있다. 하지만 프랑수아F. François가 지적하듯이, "우연한 이분화가 분석의 전체를 구성하지는 않는다"(〈의미 분석과 단어 배치L'analyse sémantique et la mise en mots〉, *Linguistique*, 1980 : 222). 따라서 어떤 종류의 이원적 대립이 반의성의 근거인지를 조사하는 것이 중요하다.

여러 다양한 용어들 아래 어느 정도의 의견 일치를 통해, 안정된 표준 구성 안에서 두 어휘 단위들 사이의 주된 네 가지 반의성 유형을 끌어낼 수 있었는데, 상반의 반의어(recto〔앞면〕/verso〔뒷면〕), 극極의 반의어(long〔긴〕/court〔짧은〕), 역逆의 반의어(monter〔올라가다〕/descendre〔내려가다〕), 상호적 반의어(acheter〔사다〕/vendre〔팔다〕)가 그것들이다.

상반의 반의어는 상보성으로 특징지어진다. 그들은 서로 전제하고 서로 제외시킨다. 점진성이 없으므로, 만일 '뒷면'이라면 그것은 '앞면'이 아니며, 그 역도 마찬가지이다. 논리적 혹은 가치론적 성격의 긍정, 부정 극성으로(oui〔네〕/non〔아니오〕, vrai

〔참〕/faux〔거짓〕, vivant〔살아 있는〕/mort〔죽은〕), 다소간 앞면이나 다소간 뒷면은 있을 수 없다.

극의 반의어—라이언스에 따르면 원형적이다—는 소위 점진적인, 즉 수 체계의 도움이나 어림잡은 평가에 의해 측정할 수 있는 단계가 가능한 특성의 두 극점 사이의 대립을 만든다. 각 어휘 단위의 비교급이 1차원적 속성의 증가나 감소를 표시하는 것과 같은 흔히 부정 극과 긍정 극 사이의 대립이 해당한다. 예를 들어, 'plus long'〔더 긴〕과 'plus court'〔더 짧은〕는 각각 길이의 증가와 감소를 내포한다(Cruse, 2004 : 165). 하지만 대립은 중립적이거나 등가일 수 있다. 예를 들어, 'plus sucré'〔더 단〕/'plus salé'〔더 짠〕는 각기 둘 중 하나의 감소와 관계없는 증가를 표시한다. 극의 반대어 짝들 중 긍정어만이 총칭적 명칭으로 쓰이고 명사화될 수 있다(long〔긴〕/longueur〔길이〕는 모두 다 'long'〔긴〕과 'court'〔짧은〕를 가리킨다).[93]

역의 반의어는 대립된 의미의 시공간 방향을 가리키거나 (avancer〔나아가다〕/reculer〔물러서다〕, avant〔전〕/après〔후〕), 전개를

93 이런 경향은 형태론에도 반영된다. 즉, 부정 접두사는 긍정어로부터 반의어를 만든다. 'long'〔긴〕을 'pas court'〔짧지 않은〕로 정의하기보다는 'court'〔짧은〕를 'pas long'〔길지 않은〕으로 정의하는 경향에도 반영되며(cf. O. Ducrot, *La preuve et le dire*, Paris, Mame, 1973이 연구한 논증 등급), 또한 'droite〔오른쪽〕/gauche〔왼쪽〕', 'monter〔올라가다〕/descendre〔내려가다〕' 등 반의어 연결의 전형적 순서에도 반영된다. 중국어에서는 점진적 개념의 양극성은 두 개의 반의어를 결합하는 종합적 명명에서 나타난다. 'grandeur'〔크기〕는 'dàxiâo'〔大小〕라고 한다. 즉 'dà'〔大〕= "큰" + xiâo〔小〕 = "작은" (A. Rygaloff(1958), "À propos de l'antonymie", *Journal de psychologie*).

고려하지 않지만 긍정적이거나 부정적인 결과를 고려하는 활동을 가리키는(habiller〔옷을 입히다〕/déshabiller〔옷을 벗기다〕) 어휘소 쌍에 해당한다.

상호적 반의어는 두 주역의 상호 역할에 따라 예상되는 동일한 합의를 가리키는 어휘 단위들을 가정한다. 예를 들어, 'vendre'〔팔다〕와 'acheter'〔사다〕는 내포된 참여자들, 판매자와 구매자의 이중 관점을 가리킨다.

네 가지 유형의 반의어가 사용하는 대립은 부정과의 의미적 관계에 의해 구분된다. 만일 두 반의어가 상보적이거나 역이라면, 예를 들어 'verso'〔뒷면〕 따라서 'pas recto'〔앞면이 아님〕, 'recto'〔앞면〕 따라서 'pas verso'〔뒷면이 아님〕처럼 반의어가 없거나 명시적 문맥 지시가 없는 한 하나의 부정은 다른 것의 긍정을 내포하며, 이는 실제로 이중 함축을 만든다. 따라서 둘의 부정은 모순에 이르고(종이는 '앞면'도 '뒷면'도 없다), 둘의 교체는 동어반복에 이르게 된다(종이는 '앞면'이나 '뒷면'이 있다) 하지만 이 이중 함축은 한 용어의 기술적 의미('뒷면')와 명명 단계에 이르지 못한 그 용어의 보충적 부정의 기술적 의미('뒷면 아님') 사이에 등가를 만들지 않는다. '앞면'은 한 부분을 명명하면서 부정어 '앞면 아님'이 할 수 없는 것을 가리킨다. 반의성은 특별한 명명에 근거를 둔다는 점에서 어휘에 달려 있는 반면, 부정은 통사적 성격의 문법 현상이다. 극의 반대어의 경우, 부정 극성 용어의 부정은 역에 해당하는 것보다는 좀더 자연스럽게 긍정적 용어를 내포한다. 'Le service n'est pas lent'〔서비스가 느리지 않다〕은 'il est rapide'〔서비스가 빠르다〕를 내포하지만, 'le service n'est pas rapide'〔서비스가 빠르지 않다〕는 'il est lent'〔서비스가 느리다〕보다는 'il n'est pas assez rapide'〔서비스가 충분히 빠르지 않다〕를 내포한다. 그리고 두 용어의 부정은 두 극 사이의 중간 가치를 세운다. 'il n'est ni lent, ni rapide'〔그것은 느리지도 빠르지도 않다〕는 간주된 규준보다 'ni trop lent, ni trop rapide, à la bonne vitesse'〔지나치게 느리지도, 지나치게 빠르지도 않고 적당한 속도〕와 같다. 'lent'〔느린〕이 의미적으로 'pas rapide'〔빠르지 않은〕를 내포한다고 하더라도, 그것은 느림을 감소, 증가, 부정('pas rapide'〔빠르지 않은〕는 'plus lent'〔더 느린〕, 'moins lent'〔덜 느린〕, 'pas lent'〔느리지 않은〕과 등가가 아니다)에 따르는 하나의 구별되는 특성으로 제시한다는 점에서 부정과 다르다. 상호적 반의어는 관련된 사물과 사람의 정체에도 달려 있기 때문에, 부정과의 관계가 더 복잡하다. 'X는 Y에게 책을 팔지 않았다'는 논리적으로 'Y는 X에게 책을 사지 않았다'를 내포하지만, 이 함축은 숨어 있고 잠재적이며, 문맥적 결정의 영향 아래에서만 활성화되거나 중화될 것이다('X는 Y에게 책을 판 것이 아니라, Z에게 팔았다').[94]

94 덧붙여서, 부정은 또한 반의어의 의미를 계산하는 기준으로 쓰일 수 있다. 예를 들어 크루즈(A. Cruse 2004 : 169)는 상보적 반의어의 극성을 강조하는데, 만일 긍정적 용어를 그것에 적용한다면('그것이 참이라는 것은 참이다'), 해당하는 부정적 반의어를 그것에 적용한 경우와 같은 긍정적인 가치에 도달한다고 제시한다. 예를 들어, '그것이 거짓이라는 것은 거짓이다'는 '그것은 참이다'와 같은데, 이는 '거짓'과 '참이 아님' 사이의 등가 그

반의성이 기재된 유일한 체계에만 그 타당성이 의존하는 두 어휘소들 사이의 대립 관계가 반의성이라 하더라도, 반의성은 담화에서 다시 사용될 수 있다. 프랑수아는 실험 장치를 통해, "계열적 관계들은 한결같이 단위들에 관련되는 것이 아니라", "상황과 문맥에 따라 변한다"(〈등위, 부정, 의미 있는 대립의 유형들Coordination, négation et types d'oppositions significatives〉, *Journal de psychologie*, 1-2, 1973 : 39)고 제시한다. 반의성의 수사학적 활용도 그러한데, 예를 들어 완서법은 긍정적 반대말의 높은 정도를 암시하기 위해 부정적 용어를 부정하고('il n'est pas bête'〔그는 바보가 아니다〕 = 'il est très intelligent'〔그는 매우 똑똑하다〕), 대조법은 바르트가 말하듯이 "반대말들의 구분과 이 구분 안에서 비환원성 자체를 '길들이는' 데 쓰인다"(*S/Z*, Paris, Le Seuil, 1970 : 33). 게다가 다양한 이분법적 형상은 점진적인 대립 용어들이나('beau'〔아름다운〕 혹은 'laid'〔추한〕) 다의어들('c'est à prendre ou à laisser'〔이는 취하거나 버릴 것이다〕)을 짝지우면서 담화 단계에서 근본적인 반의성을 만들게끔 하는 데 한몫을 한다.

c) 하위성hyponymie/상위성hyperonymie——하위성과 상위성이라는 전문 용어는 1960년대 말에 가서야 의미론에 나타난다. 그것은 새로운 이론적 개념의 출현보다는, 어휘에 내재한 위계 구조를 아리스토텔레스에게서 시작된 속屬과 종種으로의 논리-개념적 분류로부터 분리시켜 식별하고자 하는 의도를 표시

리고 이중 부정은 긍정적 단언이 된다('그것이 참이 아닌 것은 참이 아니다'는 '그것은 참이다'와 같다)는 원칙에 따른다.

한다. 이 어휘 관계의 창시자인 라이언스는 이를 일방적인 내포라고 정의한다.[95] 예를 들어, '나는 튤립을 샀다'는 '나는 꽃을 샀다'를 내포하지만, '나는 꽃을 샀다'는 '나는 튤립을 샀다'를 내포하지 않는다. 따라서, '튤립'은 상위어 '꽃'의 하위어이다. 이 정의에 따르면, 문제가 되는 것은 어휘의 수직적 구조화의 특징적인 계열 관계이다. 이러한 관계는 '꽃'이라는 상위적 명칭이 본래 적용되는 어떤 사물 집단의 전체나 하나의 표본을 규정하는 '튤립은 꽃이다'('les tulipes sont des fleurs', 'la/une tulipe est une fleur')와 같은 총칭문에 기재된다. 예를 들어, 튤립의 부류는 꽃의 좀더 일반적인 부류 안에 재분류되어 있다. 상위 분류에 의한 이 분류 방법은 점점 더 일반적인 부류들의 연속적인 끼워넣기를 가능하게 하는데, 이것의 논리적인 내포는 '이것이 튤립이면, 꽃이다'라는 충분 표시를 산출해 낸다.

그러나 일반적으로 범주화에 대한 심리학자들의 연구—특히

95 라이언스는 어휘 단위들의 지시작용과 별개로 의미 관계에 근거한 포함 관계를 가리키기 위해 '하위성hyponymy'이라는 신조어를 만든다. 그리고 같은 유형으로 상위 분류된 것superordonné을 가리키기 위해 '상위어hyperonyme'라는 또 다른 신조어를 제안한다(*Linguistique générale*, 1970 : 347). 이 새로운 용어는 내포에 해당하는 것으로 보는지('bateau'〔배〕의 의미는 'péniche'〔하천용 수송선〕의 의미에 포함된다), 아니면 외연에 해당하는 것으로 보는지(이럴 때, 'péniche'는 'bateau'에 포함된다)에 따라, 두 어휘 사이에 포함 관계가 바뀜으로써 야기되는 혼란을 피하기 위한 것이다. 갈미슈M. Galmiche는 '하위성'이 이전에 베이젤E. C. Bazell의 논문, "Logical and linguistic syntax", *Litera*, 2, 1955, Istanbul(Lyons, 1968 참고 문헌에 인용)에서 사용되었음을 지적했다. 라이언스 저서들의 번역이 이를 프랑스어에 도입했다.

통속적 분류와 색에 대한 연구(Berlin, Kay, Rosch)—는 논리적인 이 정의를 수정하여 범주화라는 인간 활동의 일반 원리와 어울릴 수 있도록 한다.

클레베르, 탕바(G. Kleiber, I. Tamba, 1990, 〈재해석된 하위성 L'hyponymie revisitée〉, *Langages*, 98)가 제안한 대안은 상승과 하강의 이중 방향을 가진 수직적 구조화의 연속축을 만드는 대신, 기본 단계로부터 출발하여 일반화하는 범주화와 특수화하는 범주화의 대립된 두 체계를 구분하는 것이다. 기본 단계는 원형을 제시하는데, 이는 범주를 고정시키게 되고, 지각 영역에서 도달할 수 있는 도식적 일반화의 최고 단계에 해당한다(G. Kleiber, 1990, 《원형 의미론*La sémantique du prototype*》, Paris, PUF). 원형은 그림으로 재현할 수 있고, 간단한 수법의 어휘적 명명을 가능하게 한다. 예를 들어, 우리는 꽃이나 고양이를 그릴 수 있다. 이 단계를 범주의 기본으로 취하면서, 한편으로는 점진적인 추상화에 의해 점점 더 일반적인 범주로 올라갈 수 있다. 이 범주들은 또한 '꽃↑식물', '고양이↑동물'처럼 간단한 명명으로 특징지어지지만, 그림으로 재현될 수 없다. 다른 한편, 차별 자질을 덧붙임으로써, 흔히 범주의 기본 이름과 변별적 한정어로 구성된 명명을 받는, 점점 더 특수한 범주 쪽으로 연속적인 세분을 통해 내려갈 것이다(꽃↓튤립↓게스너 튤립, 동물↓고양이↓앙고라고양이). 범주의 단위가 주요 특징들(같은 부분, 같은 술어—'꽃잎', '뿌리', '꽃피다', '시들다')을 유지함으로써 하위 범주로 전이되는 반면, 상승하는 추상적 범주화는 이 특징들을 모두 간직하지 않는다. 식물은 뿌리가 있고 시들지만, 반드시 꽃이 피는 것은 아니다. 따라서, 하위어에서 상위어로 가기 위해서는, 차이를 중화시킨다. 반대로 상위어에서 하위어로 가려면, 차이를 명시한다. 한편으로, 최대한의 일반화는 '사물', '것'처럼 범주의 변별적 특징이 없는 용어에 도달하게 된다. 이 용어들은 '튤립은 꽃/식물/?? 사물의 한 종류이다'와 같은 분류 테스트에서 부적당하다는 반응이 보여 주는 것처럼, 한정되지 않은 범주의 조커 카드일 뿐이다. 반대로, 특수화는 더 세밀한 차별 자질을 덧붙임으로써, 연속적인 이원적 구분으로 진행된다.

형태의 관점에서 어휘의 위계는 두 개의 체계적인 표지 장치를 이용한다. 1/ 명명의 변화—이는 서로 별개로 형성되고 구분된 어휘 항목을 통해 근접한 정도상의 구분을 표시한다(fusil〔총〕/carabine〔소총〕). 2/ 의미적 한정을 덧붙임으로써 상위어에서 하위어로 이동하게 하는 작용의 표시로서 'fusil'〔총〕 → 'fusil mitrailleur'〔기관총〕, 'fusil'〔총〕 → 'fusil de chasse'〔사냥총〕의 경우들에 해당한다. 첫 번째 장치는 어떤 특별한 형태적 모형을 요구하지 않아서 'fusil'과 'carabine'과 같은 어휘 단위들 사이의 관계는 형태가 아닌 의미에 관련된다. 반대로 두 번째 장치는 한 요소가 다른 요소를 한정하는 두 요소들의 합성으로 얻어지는 의미 단위들을 마음대로 만들고 해체할 수 있게 하는 규칙적인 형성 방식을 제공한다. 복합 명명의 크기가 한정사의 수를 두세 개로 줄인다는 점에서 반복적이라기보다는 이원적인 방식이다. 이는 형태적 중복에도 불구하고 어휘 단위와 동의적 표현을 구분하게 해 준다(예—'carte'〔카드〕/'carte vermeille'〔진홍색 카드(경로 우대증)〕 vs 'carte rouge vif'〔선명한 붉은색 카드〕—'carte'는 총징적 어휘, 'carte vermeille'의 두 번째 어휘 'vermeille'는 카드의 종류를 명시하여 하나의 어휘 단위를 구성하는 반면, 'carte rouge vif'는 자유로운 동의적 표현이다—옮긴이). 하위성 관계는 상위성 관계보다 더 어휘화되어 있다. 둘 다 다른 명명으로 표시된다면, 하위성은 '∼의 종류이다'라는 비대칭적인 범주 관계 그리고 특수화하는 합성 방식에 의해 규칙적으로 표현되지만, 상위성에 대한 대등한 상응어는 없다.

이렇게 재정의된 하위성/상위성 관계가 논리적 내포 공식보다 하위 범주화의 어휘 관계를 설명하고 습득하는 우리의 습관에 더 잘 부합하는지 확인하기는 쉽다. '이것이 범선이면 따라서 이것은 배이다'라고 말하는 것보다 '범선은 돛이 있는 배이다'라고 말하는 것이 더 자연스럽다. '배'를 '범선'의 내포의 한 부분이 되게 하는 포함 관계는 하위성을 특징짓는 범주적 위계 속에서의 변화를 무시하고 담화 단계에서의 조응 및 지시 기제 속에서 중요한 역할을 한다.

실제로 담화에서, 하위어와 상위어는 같은 지시 대상에 적용될 수 있는 구별된 명명처럼 기능하며, 이러한 명명은 같은 지시 대상들을 다소간 세밀한 범주 단계에서 식별하게 해 준다. 상황에서 필요한 정확도에 따라, 우리는 기본 단계의 식별에 멈추거나('이것은 무엇입니까? 이것은 꽃입니다'), 더 자세한 설명을 요구할 수 있다('무슨 (종류의) 꽃입니까? 장미입니다—무슨 (종류의) 장미입니까? 야생 장미/들장미입니다'…). 동의어와 마찬가지로, 한 어휘 위계의 상위어와 하위어는 같은 지시 대상에 대하여 맞바꿀 수 있지만, 다른 의미 원리를 따른다. 동의어 사이의 지시적 등가는 동의어들이 외시 의미를 바꾸지 않고 어휘 단위에 공시 의미를 첨가한다는 사실에 기인한다. 반면, 하위성은 하나의 사물을 범주화하는 추상화 혹은 간략화 단계를 조절하는 데 쓰인다. 따라서 말을 수정하고자 되풀이할 때, 좀더 명확한 호칭을 위해 지나치게 일반적인 호칭을 부정할 것이다. '이것은 꽃이 아니라(=부르지 않고), 장미이다.' 반대로, 정보의 잉여성을 피하기 위한 조응소를 통한 되풀이는 상위어로 이루어진다('장미, 이 꽃'). 따라서 같은 어휘 위계에 속하는 용어들의 한정의 상대적 정도는 그 용어들을 함께 사용할 수 있는 가능성을 열어 두어, 범주적 줌 효과에 의해, 일반성의 여러 정도들에 대상들을 위치시키면서 지시할 수 있게 한다. 앞에서 보았듯이, 반의어 쌍에서는 긍정적 용어가 총칭적 범주의 의미와 특수한 대립 의미를 함께 가지는 경우가 흔하다. 따라서 문맥 밖에서는 'les hommes sont aventureux'〔인간은/남자는 모험을 좋아한다〕와 같은 문장은 중의성을 갖게 된다. 이러한 중의성에서 잠재적인 두 가지 해석이 가능해진다. 즉, 'les hommes' = '남녀 구별 없이 인간' 혹은 '여자를 제외한 남자'.

어휘 단계에서, 하위성/상위성 관계는 어떤 범주에 내재된, 높아지거나 낮아지는 일반성 등급의 도움으로 위계 구조를 만드는 데 쓰인다. 이 등급은 위계 분류에 의한 일반화의 귀납적 방법을 구성하는 동시에 차이 명시에 의한 분석 방법을 구성한다. 따라서 'X는 Y의 일종이다'라는 유형의 총칭 정의문으로 통일된 범주 표현을 사용하는 어휘의 이 수직적 차원은 이를 사전에 규정하고 받아들임으로써 습득과 전파를 보장하는 언어 형식에 근거한다. 이는 전문가들의 과학적 · 전문적 분류만큼, 상식의 위계적 분류도 잘 표현하게 한다. 하위성은 범주적 위계의 동기화나 타당성 조건과는 별개로, 범주적 위계를 만들기 위한 규칙적인 어휘 체계를 제공한다. 프랑수아가 지적하듯이, "구조화될 수 있는 하위-약호와 관련하여 언어의 상대적인 중립성이 있게 된다"(〈언어학적 분석과 단어 배치L'analyse linguistique et la mise en mots〉, *Linguistique*, 1980 : 223). 범주적 위계는 경험적이거나 상상적인 기초를 가지고 관습적이며 장기 기억에 기록될 수 있거나, 반대로 근거 없고 담화 속에서 즉흥적으로 만들어지고 일시적인 작업의 기억에 속할 수도 있다.[96] 담화 단계에서, 범주적 위계는 좀더 좁은 하위적 명명과 바꿀 수 있는 넓은 상위적 명명을 제공한다는 점에서, 지시적이고 조응적인 이중 기능을 지닌다.

d) **부분성**méronymie———어휘학자들은 예를 들어, '손톱', '손가락', '손'을 연결하는 흔히 부분-전체라고 하는 관계들 집

---

96 이 점에서 그레마스에게 보이는 이 용어들의 특별한 용법과 유사해진다. 그레마스에게 있어, 이 용어들은 의소 범주와 그 부분들, 의소 즉 변별 자질 집합 사이 관계의 이중 방향을 보인다. 의소에서 출발하는 관계는 소위 상위적이고, 범주에서 출발하는 관계는 하위적이다(*Sémantique structurale*, Paris, Larousse, 1966 : 28-29).

합을 부분성이라고 부른다. 크루즈(《어휘 의미론*Lexical Semantics*》, 1986 : 157-180)는 이 위계적 어휘 관계 유형과 하위성을 구별하기 위해 'meronomy'라는 용어를 제안했다. 비대칭과 포함이라는 같은 특성들—부분은 반드시 전체에 포함된다[97]—을 공유하면서도 하위성과 부분성 관계는 다른 의미 자질로 특징지어진다. 하위성은 '~의 종류이다'라는 관계에 근거한 존재être-un 위계에 해당하는 반면, 부분성은 '~의 부분/요소이다'라는 관계에 근거한 소유avoir-un 위계에 해당한다. 'EST-UN N'을 사용해서 전체 속에 한 부분을 표함시킬 수 없으며(*un doigt est une main〔*손가락은 손이다〕), 'AVOIR-UN N'을 사용해서 한 부류를 다른 부류에 포함시킬 수 없다는 점(*une fleur a une rose〔*꽃은 장미를 갖는다〕)에서 볼 수 있듯이, 이는 양립할 수 없는 두 개의 위계화 양태이다. 다른 한편, 하위성의 전이성이 규칙적인 반면, 부분성의 전이성에는 여러 제약이 따른다. 예를 들어, 'tronc'〔줄기〕의 부분인 'écorce'〔껍질〕, 'arbre'〔나무〕의 부분인 'tronc'으로부터 'tronc d'arbre'〔나무 줄기〕로 넘어갈 수 있지만, 'feuille'〔잎〕의 부분인 'nervure'〔잎맥〕와 'arbre'의 부분인 'feuille'로부터 'nervure d'arbre'로 갈 수는 없다. 하지만 하위성

97 우리가 지적했다시피, "~의 부분"이라는 자질은 분명 부분어의 어휘 의미 구성 성분이지만, 어떤 내재적인 어휘 자질도 구조적 총체(신체, 해부 단위, 인공물)나 기능적 총체(사람, 유기체)를 가리키는 용어들의 '총체어 holonyme'의 위상을 명시하지는 않는다(I. Tamba, "Un puzzle sémantique : le couplage des relations de tout à partie et de partie à tout", *Le gré des langues*, 7, 1974 : 64-85).

과 부분성이 두 개의 다른 의미 관계라는 것을 인정하는 것은 당연한 반면, 부분성의 어휘 구조화의 존재를 확립하는 것은 꽤나 문젯거리가 된다. 사실 부분-전체 관계에 대한 연구들은 모두 이 관계가 언어마다 분산되어 있고 다양하며 총칭적 관계의 용어가 없다는 것을 지적한다.[98] 따라서 부분성이 어휘적 성격의 관계 범주를 구성하는지 혹은 지시적 언어 의미론에 의존하는 부분과 전체 사이의 관계를 다루는 것인지 자문하게 된다. 후자인 경우 부분 관계는 어휘 관계 범주 혹은 포함, 소속, 함축의 논리 관계보다는 지각적, 화용적 조건들에 훨씬 더 의존한다.[99] 이는 다른 것에 속하는 부분들을 어떤 사물에 부여하는

98 예를 들어, 머튼E. W. Morton, 채핀R. Chaffin, 헤르만D. Herrmann은 영어에서 "부분"에 대해 400개 이상의 동의어를 찾아냈다("A taxonomy of part-whole relations", *Cognitive Science*, 11, 1987 : 430). 그리고 르프장D. Le Pesant은 부분-전체/전체-부분의 반대 관계사 50여 개를 조사했다("Suggestions méthodologiques pour une typologie des classes de méronymes", *Scolia*, 12, 2000 : 161-179). 클레베르는 "'is a part of'는 'être une partie de'와 완전히 같은 식으로 기능하지 않는다"라고 지적한다(*L'anaphore associative*, Paris, PUF, 2001; 268-269). 여기에서 "parts"의 분류와 "parties"의 분류가 다르다는 것을 끌어낼 수 있다.

99 드앤S. Dehaene(*La bosse des maths*, Paris, Odile Jacob, 2003)은 인간은 주로 뇌의 우반구 영역을 활성화하는 양量에 대한 대략적인 타고난 이해를 다른 포유류와 공유한다는 것, 그리고 다른 한편으로는 뇌의 좌반구의 활동 영역을 발전시키는 수 체계를 지배하는 것을 배움으로써 인간이 후성後成적인 계산 능력을 습득한다는 것을 보여 준다. 유추하여, 우리는 하위성이나 논리적 포함 관계와는 달리, 부분-전체의 관계는 언어의 상징 처리에 의존하는 것이 아니라, 뇌의 감각 회로에 의존할 것이라는 가설을 세운다(B. Bosredon, I. Tamba, "Entre tout et partie : l'ambiguïté des relations liant un

부분 명사들의 은유적 사용에서 확인된다('les pages de la vie'〔인생의 페이지들 = 시기〕).

e) 의미의 어휘적 조절에 대한 결론———동의성, 반의성, 상위성/하위성, 부분성의 관계들을 조사하는 것은 어휘의 의미적 구조화 안에서 이러한 관계들의 역할을 보여 준다. 이 관계들의 어휘적 위상은 다음과 같은 세 개의 큰 특성으로부터 나온다.

1/ 이 관계들은 명명의 독특한 단위 형태들—이들의 형태적 짜임새가 이를 드러나게 하든 그렇지 않든—로 한 언어의 어휘 안에 기록된다.

2/ 이 관계들은 그것을 설정하고 집단적 타당성을 보장하는 일반적 정의를 통해 인정된다. 이 정의들은 내적 혹은 외적 변화에 따라 갱신할 수 있는 것이다. 어떤 새로운 명명을 만드는 것은 어휘 영역 안에 가치들을 재조정하도록 강요한다. 따라서 하나의 어휘 단위라 하더라도 여러 사용 영역과 다른 구성들에 연결된 다양한 의미들을 그 안에 누적할 수 있는 것이다.

3/ 이 관계들은 어휘 체계의 전반적인 단계에서 정의되는 것이 아니라, 최소 구조의 제한된 집합에 안정된 의미 해석을 연결하는 기본 조합 단계에서 만들어진다. 어휘

---

titre à une oeuvre littéraire ou picturale", *La partition en langue et en discours*, Colloque, Strasbourg, novembre 2003).

요소들의 규범적 의미들의 범위를 정하는 것은 이 구조들이다. 따라서 의미 조직의 중간 단계는 어휘 체계가 그 용어들에 부여하는 가치들과, 어휘 단위들을 통해 명명됨으로써 식별이 가능해지는 지시체와 관계를 맺고 있는 상황적 담화 가치들 사이에 경계면 역할을 한다.[100]

게다가 이 어휘 관계들은 규칙적이고 특별한 의미 원칙에 의존한다. 동의성은 어휘 단위들의 공시적 의미에만 관련되며, 따라서 지시적 등가를 보장하는 외시적 의미는 보존한다. 반의성은 근본적으로 이중 대립을 내포하는데, 이는 양극성의 어휘 단위 쌍(lourd〔무거운〕/léger〔가벼운〕)의 의미 안에 약호화되거나, 혹은 한 용어를 어휘적 반대말 혹은 부정 반대말(visible〔보이는〕/invisible〔보이지 않는〕, visible/non visible)과 짝 지우는 단어나 구 단계에서 구성될 수 있다. 상위성은 지시 단계에서의 근거가 무엇이든지, 언어로 정의된 관계를 거치는 위계적 배열 방식의 일정한 원칙에 의존한다. 그리고 하위성은 복잡한 명명을 형성하기 위한 한정 첨가나 어휘 단위의 변화에 의해 기재될 수 있는 하위 구분이라는 연속 과정을 내포한다. 끝으로 부분성은 어휘 구조처럼 보이기보다는 몇몇 어휘소의 정의 자질처럼 보인다. 모든 경우에 이 구분들은 관점의 변화(동의성), 극성의 변

100 이중언어 사전들이 한 언어의 어휘 항목 아래 다른 언어에서 등가인 어휘들을 이들의 상응이 어떤 구조에 달렸는지 명시하지 않고 모아 놓을 때, 이 사전들이 왜 유용한 동시에 불완전한 번역 도구들인지 이해하게 된다.

화(반의성), 위계 정도의 변화(상위성/하위성), 그리고 전체의 변화(부분성)에 연결된 이산화離散化 명명으로 표시된다. 따라서 경우에 따라 명명의 구별은 하나의 기존 개념 영역에 기반한 변조나 개념적 · 범주적 절단과 조화를 이룬다.

어휘적 의미 구조화의 이 일반적인 원리들은 시대와 문화에 따라 변화하는 동의성 · 반의성 · 상위성 · 하위성의 목록들을 제공한다. 한 언어에서 다른 언어로의 이동에 의해 이런 어휘적 간격이 강조되는데, 번역가나 통역가들은 이론적 선택이나 해당 영역(문학, 과학, 법률, 기술 번역)에 맞춰진 전략들로 극복한다(A. Berman(〈1984〉, 1995), 《이방인의 시련*L'épreuve de l'étranger*》, Paris, Gallimard). 따라서 도착 언어에 어휘적 공백이 있는 경우, 문학 번역은 신조어, 모사 직역어를 만듦으로써 혹은 차용을 함으로써 등가어 창조를 장려할 것이다(J.-P. Vinay, 〈인문 번역La traduction humaine〉, *Le langage*, Paris, Gallimard, "Encyclopédie de la Pléiade", 1968 : 729-757).

B) 문법 구조 열려 있고 갱신할 수 있는 어휘 단위 집합과는 반대로, 문법 단위들은 상대적으로 안정된 닫힌 계열체paradigmes로 조직된다. 예를 들어, 프랑스어에서 숫자의 문법적 계열체가 같은 시대에 단일 언어 사전들 목록에 따라 문법서들마다 다르다는 것은 상상하기 힘들다.

이 문법적 계열체들은 어휘의 조직으로 축소될 수 없는 고유한 체계적 조직을 보여 준다. 이는 근본적으로 음운론에서 잘 개발된 모델에 따라, 유한한 계열적 변별 자질을 사용해서 요소들의 의미를 상대적으로 정의하는 차별적 대립 원리에 근거한다. 예를 들어, 관사들(le/la, un(e), du/de la, les, des)은 조변수적 대립(한정/부정, 가산/불가산, 단수/복수)으로 결정될 것이다. 이런 대립 체계들은 이들의 안정성이 내적 요인들(특히, 음성적 변화)—대립 체계들은 자동 조율된 재조직화를 통해 이 요인들에 반응한다—에만 영향을 받는다는 점에서 충분히 견고하다. 실제로 문법화는 어휘 체계처럼 언어 외적 변화를 투과하게 하는 모든 지시적 정착을 제거하는 경향이 있다.

문법적 대립의 계열망은 체계 단계에서뿐 아니라 담화 단계에서도 통사적 · 의미적 관계를 조직하게 해 준다. 가능한 문법 형태들의 저장고를 구성하는 형태-통사적 거시 계열체, 즉 분포적 부류로부터, 우리는 특별한 담화 세계에 제한된 형태-의미적 계열체를 만든다. 같은 문법적 형태소들은 각각의 의미-통사적 미시 계열체에 의해 정의된 대립에 의존하는 다른 가치들을 지닌다. 예를 들어, 명사의 선행 한정사 집합(소유사, 지시사, 관사)으로부터, 프랑스어는 총칭적 지시의 미시 계열체로 단수/복수 정관사, 단수 부정관사만을 취한다('les(le, un) canaries sont des oiseaux jaunes'〔카나리아는 노란 새다〕). 다른 미시 계열체는 일련의 정관사와 소유 형용사만이 이용된 신체 부분 관계를 위해 만들어졌다('j'ai lavé mes mains/je me suis lavé les mains'〔나는 손을 씻었다〕). 계열적 조합은 이처럼 통사적으로 가능한 형태들의 목록을 제한함으로써 자율화된다.

그럼에도 불구하고 대부분의 문법적 계열체 구조화 원리가 언어에 따른 다양성을 감춰서는 안 된다. 흔히 어떤 문법 범주는 변화하는 가치의 스펙트럼을 그대로 따른다. 예를 들어, 문법적 성은 그것이 표시된 관용어에 따라 이중 · 삼중 대립을 지닌다(남성/여성, 중성). 격 표지의 계열체는 훨씬 더 분명하게 변화한다. 문법 체계마다 거의 일치하지 않긴 하지만, 이 계열체들은 그들의 전체적 명시화로 인하여 분석될 수 있고 해석될 수 있는 가치들을 만들어 낸다. 예를 들어, 일본어에서는 단수와 복수의 대립을 표시할 수 있지만, 프랑스어에서처럼 그것을 반드시 표시해야 하는 것은 아니다. 야콥슨이 지적하듯이 "언어들은 언어들이 표현할 수 있는 것에 의해서가 아니라, 표현해야만 하는 것에 의해 근본적으로 구별된다"(《일반 언어학 이론》, 1963 : 84).

다른 한편, 문법적 · 어휘적 표현 양식 사이의 분배는 통일되어 있거나 예측 가능한 것과는 거리가 멀다. 몇몇 의미 범주들은 다른 것보다 더 문법화를 지향하는 것 같다. 예를 들어 상호 대화자 역할의 경우가 그렇다. 하지만 일본어에서는 존경과 겸양의 어휘소들의 교체를 통해 이를 표시한다. 그리고 어휘 · 문법 단위 · 구나 문장 단계에서 관계를 만듦으로써, 의미 조직의 여러 단계를 만들 수 있다.

따라서 의미의 언어적 구조화의 두 유형을 구별할 수 있다. 하나는 어휘적인 것으로 기술적descriptif, 재현적représentatif 기초가 된다. 이는 명명적 기능의 어휘 상징의 열린 집합을 조직한다.

다른 하나는 문법적인 것으로 작용적opératif, 방법적procédural 기초가 된다. 이는 닫힌 문법적 계열체 내에서의 의미적 차별화 작용에 의존한다. 이 두 유형의 의미작용을 문법 단위들이 작용 단계를 표시하고 어휘 단위들이 결과를 표시하는 하나의 과정으로 이끌 수 있다. 어휘적 의미와 문법적 의미 사이의 이런 유사성과 빈번한 교차는 의미작용을 만드는 문법 작용을 통해서 혹은 그 결과를 기록하는 어휘 단위를 통해서 우리가 의미작용에 접근할 수 있다는 사실에 관련이 있을 것이다. 이로부터 부정과 반의성, 혹은 한정과 하위성 사이에 지적된 등가성이 생긴다.

따라서 의미의 언어 구조는 단어를 축으로 삼고 어휘적 용어 및 명명의 이중 위상을 지니는 지시화에 경도된 어휘 체계 그리고 의미 생산 작용에 경도되고 완전하게 닫힌 문법 체계를 이용한다. 이 두 형식 체계는 한편으로는 지시 대상에 관련된 지식을 여과하고 완성하는 데 쓰이고, 다른 한편으로는 인간의 인지활동에 속하는 상징적 방법들을 밝히는 데 쓰인다.

4. 문장

A) 문장 의미 단위 문장은 일반적으로 음운-음성(그리고 경우에 따라서는, 철자), 형태-통사, 의미라는 삼중 구조화에 근거하는 단위로 이해된다.[101] 음성적 구조화는 상당히 섬세한 실험적

101 이 용어의 역사에 대해서는 *Phrase et énoncé, L'information grammaticale*, 98, 2003 참고.

관찰(음조 도식, 호흡군)에 적합하다. 문법적 구조화는 그로부터 촘스키가 이론적 논거를 끌어낸, 문법성에 대한 판단을 내리는 가능성, 즉 언어 표현들이 잘 만들어졌는지를 결정하는 가능성이 입증하듯이, 상대적 자율성을 누린다. 바로 루이스 캐롤이 《이상한 나라의 앨리스》에서 발견하게 한 가능성이다. "앨리스는 끔찍하게 당황했다. 모자 장수의 지적은 의미가 없는 것 같았지만, 그래도 문법적으로는 정확했다"(7장). 문장의 문법적 구조화는 규범적 문장 유형의 유한한 목록을 만들게 해 주고 특히 분포적 분석으로부터 구성 규칙을 만들 수 있게 하는 대표적인 표본 추출로부터 기술될 수도 있다. 여러 기술 모델을 통해, 우리는 그 타당성이 채택된 관점에 따라 통제될 수 있는 담화 부분 · 분포 부류 · 핵과 확장 · 문법적 기능 · 순서 관계 · 의존 관계 · 변형 관계 등 이론적 대상을 정의한다. 즉 각 이론이 자신의 용어를 만듦으로써 수 · 호칭 · 위상을 고정하는 표현들과 관계들을 정의하는 것이다.

그러나 의미적 구조화를 하게 되면 문제는 복잡해진다. 우리는 문장이 자율적인 의미 단위를 구성한다는 것을 받아들이는 동시에 그들의 의미작용이 문장이 의존하는 상황적 문맥에 따라 변화할 수 있다는 것을 받아들인다. 게다가 모든 의미 분석은 그 구조의 의미 그리고 구조가 연결하는 어휘 요소들의 의미와 관련하여, 한 문장의 의미작용에 대한 전반적이고 직관적인 이해에 의존한다. 따라서 우리는 전체적인 의미에서 출발해서 부분들의 의미를 결정하기를 기대한다. 그러나 사실 우리는 반대 방식을 채택한다. 즉 어휘 요소들의 의미로부터 출발해서 문장의 전체 의미를 구성한다. 문장의 의미 구조의 자동 조율이라고 하는 것을 찾는 것은 헛된 일이다. 한 문장의 의미는 언제나 문장의 고유한 순서와는 무관한 무언가로부터 파생된다. 문외한에게는 단어의 의미로부터 파생된 것이고, 여러 언어학 모델에서는 소위 논리-의미적 기초 구조에서 파생되며, 문장 의미의 화용적 분석을 지지하는 사람들에게는 문맥적 · 지시적 · 화용적 정보에서 파생되며, 인지적 접근 방법에서는 정신 구조와 뇌의 기층에서 파생된 것이다. 한 문장의 의미를 구성하는 데 기여하는 모든 것의 목록을 만들어 보면, 문장 구조가 요구하는 의미적 통일화 양태보다는 이 요소들의 다양성이 강조된다. 따라서 어휘적 · 문법적 · 지시적 · 논리적 · 화용적 · 발화석 의미 등 다양한 구성 요소들을 열거할 수 있는 문장 의미에 대한 분열된 기술을 하게 되는데, 이때 관찰되거나 엄격하게 기술된 것이 아니라 가정된 상호 작용을 통해서만 그 종합을 설명하게 된다.

물론 우리는 문법성grammaticalité이라는 개념에 따라 만들어진 가용성acceptabilité이라는 개념을 사용하여 문장의 순수하게 의미적인 질서를 정의하고자 했다. 그러나 가용성의 엄밀하게 언어학적인 어떤 규칙들을 만들 수 있는가? 의미론적 관점에서 한 문장을 받아들이거나 거부하기 위해서는, 우선 문장이 해석 가능한지, 즉 누군가에게 이해 가능한지를 조사해야 한다. 그러나 문장의 의미 구조 외의 많은 다른 요소들도 작용할 수 있다.

즉 상호 발화적 관계(반어, 암시, 공시), 문맥 정보, 선행하거나 후행하는 문장들의 경우 흔히 지시 영역, 의사소통 장르의 수사학, 추론… 등이 종종 어떤 특정 문장의 이해를 돕는다. 많은 사람들 중에서도 마르탱R. Martin과 클레베르는 수용성recevabilité을 의미성sémanticité에 국한시킬 것을 제안했다. 진리 조건적 논리 모델 위에 만들어진 의미성은 분석적 문장들이 포착하는 의미 규칙들의 유한한 집합에 의해 통제할 수 있다.[102] 하지만 이 의미 규칙들의 자율성은 특히 어휘적 기존형préconstruits에 의해, 그리고 항상 문장 단계에 표시되지는 않는 전제에 의해 약화된다. 예를 들어, 마르탱의 주장에 따르면, 'raglan'〔래글런식 외투〕을 'manteau'〔외투〕에 연결하는 하위성의 어휘 관계('래글런식 외투는 외투의 한 종류이다') 때문에, 'Il a enlevé son raglan'〔그는 래글런식 외투를 벗었다〕은 'Il a enlevé son manteau'〔그는 외투를 벗었다〕를 함축하며,[103] 이에 비해 동사 'enlever'〔벗다〕는 중립적이다.

문장의 의미 단위에 대한 간단한 일별을 통해 세 가지 결론

102 R. Martin, "Qu'est-ce que la sémanticité?", 7-19; G. Kleiber, "Phrases et valeurs de vérité", 21-66, *La notion de recevabilité en linguistique*, éd. R. Martin, Paris, Klincksieck, 1978 참고.

103 따라서 전제된 것을 제시하지 못하게 하는 규칙에 따라(이로부터 다음 문장은 불가능하다 : *ce raglan est un manteau〔*이 래글런식 외투는 외투다〕), 명사에 선행하는 한정사에 가해지는 여러 제약들, 그리고 양태에 가해지는 제약들(전달 화법, 관점—'Il affirme que ce manteau n'est pas un raglan'〔그는 이 외투가 래글런식 외투가 아니라고 단언한다〕은 받아들여진다)이 설명된다.

이 나온다. 첫 번째는 등가 · 함축 · 비양립성 등 의미 관계들의 하나의 닫힌 체계 안에 몇몇 문장들을 서로서로 연결하는 많은 의미 규칙들이 있다는 것이다. 그러나 이 규칙들은 엄격한 양태적 · 어휘적 · 지시적 특성들을 지니는 문장 구조들의 하위 집합만의 의미성을 통제하는데, 가령 정해진 어휘 계열체 안에 들어가는 어휘소들을 포함하는 총칭적이거나 전형적 긍정문들이 그것이다. 무시할 수 없긴 하지만, 이 규칙성은 불충분하다. 둘째, 문장의 의미 구조가 단어의 의미 구조에 겹쳐진다는 것, 즉 단어의 의미 구조를 통합한다는 것은 부인할 수 없지만, 각각의 의미 구조는 특별하고 독립적인 내재적 조직 법칙에 의해 지배된다. 단어를 구조화하는 것이 문장은 아니며, 문장을 구조화하는 것이 단어인 것도 아니다. 따라서 단어는 대부분의 언어에서 자신의 고유한 규칙에 따라 범위를 정할 수 있는 유한한 형태이다. 자켄도프가 지적하듯이, 단어의 종결을 통해 단어는 구성 성분들 사이의 복잡하고 부분적인 경계면으로 문장 구조에 연결된 채 자율적 의미의 하위 체계로 기능하게 된다.[104]

---

104 자켄도프(R. Jackendoff, 2002)는 병렬로 활성화되고 부분적 동형으로 연결된 다양한 구조와 함께 모듈식 구조를 제시한다. 예를 들어 문장 구조에 의해 인정된 단어의 몇몇 미시 구성 성분들만이 형태-통사적, 음운적, 어휘적 모듈 사이에 경계면 역할을 할 것이다. 이처럼 그는 다음과 같은 기욤 이론의 중심 생각에 좀더 구체적인 토대를 제공한다. "화자의 머릿속에 이미 구축된 단어들 앞에서, 문장은 언어활동의 심리 역학 안에서 구축해야 할 작업처럼 제시된다"(*Principes de linguistique générale de G. Guillaume*,

마지막 결론은 의미의 언어학적 단위로서 문장들은 단어와 마찬가지로 내부 조직과 특별한 폐쇄 장치로 특징지어진다는 것이다. 이는 좀더 자세히 분석할 필요가 있다.

B) 문장 구조—문장의 의미 단위 조직의 세 단계 벤베니스트에 따르면, 문장은 "하나의 완벽한 구조 안에 발화체 요소들을 조직한다"(《일반 언어학의 제 문제》, I : 13). 좀더 정확하게 말해서, 문장은 하나의 의미 단위 안에 상호 작용하는 세 개의 하위 체계를 조직한다. 운율 · 통사 · 발화 체계가 그것으로 모두 같은 기존 어휘 변수에 작용한다. 표준 프랑스 글말의 단문들의 규범적 구조, 즉 안정된 의미 구조에 연결된 최소 통사 구조를 간략하게 조사함으로써, 어떻게 이 세 유형, 즉 어휘적 · 통사적 · 발화적 유형들의 관계들이 한 문장의 의미적 일관성을 보장하게 되는지 보여 줄 수 있다.

a) 문장의 삼중 종결———프랑스 글말의 표준 문장 단위의 절단은 다음의 세 가지 종결 체계의 결합에 관련된다. 1/ 긍정문, 의문문, 감탄문(tu viens +, +? +!) 등 여러 문장 유형에 부합하는 구두점으로 글에서 표시된 운율적 종결. 2/ 핵문장의 조합 경계에 지배되는 통사적 종결. 3/ 각 발화 작용에 의해 정해진 상황적 틀로 강요된 발화적 종결. 따라서 한 문장의 경계는 처음과 끝이 일치하는 억양적 · 통사적 · 발화적 세 구조의 중첩으로 표시된다.

éd. R. Valin, Québec, Laval/Paris, Klincksieck, 1973 : 144).

b) 문장 의미의 통사적 · 발화적 조직 단계———언어 체계는 전체적인 하나의 의미 배치로 어휘 단위들을 조합하게 하는 유한하고 정해진 수의 문법 구성들을 강요한다. 따라서, 블랑슈-벤베니스트C. Blanche-Benveniste가 핵심 통사syntaxe nucléaire라고 부르는 것에 따라 하나의 동사에 대해 안정된 여러 의미들을 구분하는 것이 가능한데, 이 핵심 통사는 동사에 부여할 수 있는 강세 대명사를 통해 끌어낸 것이다(《프랑스 문법의 이론을 위한 연구*Recherches en vue d'une théorie de la grammaire française*》, Paris, Champion, 1975). 예를 들어, 동사 'dire'(말하다)는 '**je**$_1$ **le**$_2$ **lui**$_3$ ai dit 〔**mon avis**〕$_2$'(나는$_1$ 그에게$_3$ 그것을$_2$ [내 의견을]$_2$ 말했다)와 같이 세 개의 (대)명사를 지니는 구조 속에서는 '밝히다, 말로 표현하다'라는 의미를 지니고, '**je**$_1$ **le**$_2$ **lui**$_3$ ai dit 〔**de rester**〕$_2$'(나는$_1$ 그에게$_3$ 그것을$_2$ [남아 있으라고]$_2$ 말했다)처럼 두 개의 명사와 한 개의 동사 원형을 지니는 세 자리 구성에서는 '명령하다'라는 의미를 지닌다.

모든 문장 출현은 역동적인 발화적 정착도 내포한다. 이 정착은 벤베니스트가 제시했듯이, "발화 작용과 변함없고 필수불가결한 관계 속에" 문장을 놓이게 하는 발화 작용의 형식적 장치에 속하는 지표 체계에 의해 보장된다(《일반 언어학의 제 문제》, II, 1974 : 79-88). 그러한 체계는 한 문장의 발화 작용을 다음과 같은 것들에 연결시킨다.

1/ 누가 누구에 대해 그리고 누구에게 무엇을 말하는가

(예를 들어, '**je te** vois'〔나는 너를 본다〕에서)를 명시하는 발화 역할에 근거한 인칭 지표의 유한 집합.

2/ 야콥슨이 인칭, 시공간 직시어라고 부른 연동소*shifters/embrayeurs*(예—'**je** reviens **te** voir **ici demain**'〔나는 너를 보러 내일 여기 올 것이다〕)를 사용해서, 발화 작용의 순간, 장소에 발화체를 연동시킴으로써 위치시키는 시공간적 좌표들의 닫힌 체계.

3/ 말해진 것을 출처, 관점이나 발화적 태도에 연결하는 양태(요청, 거절, 질문, 직접적 · 간접적 인식, 개인적 · 공유된 의견)의 닫힌 체계.[105]

여기에다가 특히 입말에서는 구정보thème와 신정보rhème로 나뉜 구조의 이중 형태('sa colère, je m'en moque'〔그가 화난 거, 나 신경 안 써〕)로 된 정보(오래된 혹은 새로운)의 조직이 첨가되는데, 이는 규범적인 글말 발화체의 선조성('je me moque de sa colère'〔나는 그가 화난 것에 신경 안 쓴다〕)을 해체한다.

이 발화 관계들의 일관성은 고전극에서처럼 단일한 장소, 시

---

105 모든 언어 체계는 퀼리올리A. Culioli의 용어에 따르면 발화적 지표repérages énonciatifs 체계를 구성하는 정해진 형태와 가치의 집합을 사용한다. 이 관계들은 언어에 따라 변화하는 표지를 갖는다. 명사 선행 한정사, 직시어, 동사 활용 어미, 양태어('je crois que'〔나는…라고 생각한다〕), 문장 부사('sans doute'〔분명히〕, 'peut-être'〔아마도〕), 또는 일본어에서 종결 발화 어미. 판데르베컨C. Vanderveken(1988, *Les actes du discours*, Bruxelles; P. Mardaga)은 몬태규의 내포적 의미론의 선상에서 이 구조들의 형식적 재현의 기초를 제시한다.

간, 행동과 함께 동질의 담화 세계를 그런 식으로 결정하는 발화 작용이라는 유일한 행동을 각 문장이 한정한다는 사실에 기인한다. 물론, 문장의 세계보다는 약간 좁은 세계이다! 그러나 통사가 문장에 요구하는 종결과 달리, 그 세계의 종결은 뛰어넘을 수 없는 것은 아니다. 왜냐하면, 발화 체계가 지시적 · 양태적 가치들 자체가 아니라, 이 가치들의 할당 조건을 정의한다는 점에서, 발화 체계들이 같은 가치들을 일련의 발화체로 보내고 따라서 좀더 넓은 발화 세계를 구축하는 것을 아무것도 막지 못한다. 일련의 발화 행위에 의해 제시된 공간 · 순간 · 지시체를 연속적으로 연결하기 위해서는 지표의 중심처럼 같은 발화자들을 보존하기만 하면 된다.

일반적으로, 통사 구조와 발화 구조는 고유하지만 문장의 선조성이 단일화를 강요하는 어조 도식으로 특징지어진다. 따라서 두 개의 선율 조직이 일치하거나, 하나가 다른 하나를 가린다. 첫 번째 경우는 특히 여러 유형의 문장의 억양 곡선에 해당한다. 예를 들어, 상승 후 하강은 단언을 가리키고, 낮은 시작 후 상승은 의문을 가리킨다. 두 번째 경우는 어조가 신정보/구정보로 발화적 절단을 강조하는 단절된 구조가 대표적이다.

따라서 문장의 의미 단위는 이 세 조직 단계의 각각이 가능케 하는 배치들 중 하나를 선택함으로써, 그리고 같은 어휘 요소들 주변에 이 세 구조를 배열함으로써 확실해진다.

5. 문장보다 상위의 의미 단위들—연결 구조

한 문장의 통사적, 의미적 구조는 한 단어의 형태 구조만큼 결정적인 잠금 체계를 구성한다. 최선의 경우 핵심 문장들의 구조를 복잡하게 하는 다양한 방식에 의해 내적인 확장을 하는 자유가 가능하다. 그러나 발화 조직 단계에서는 상황이 다르다. 각 문장이 고유의 지시적 지표를 도입하는 발화 행위와 일치하는 반면, 일련의 발화 행위를 연결하는 의사소통 동안 같은 지표들의 유지나 반복을 금지하는 것은 아무것도 없다.

따라서 연속된 발화체들을 연결하기 위한 체계들이 발전되었다. 가장 기초적인 형태는 다음과 같은 두 문장의 단순 병렬에 해당한다. 'Je ne peux pas témoigner. Je n'ai rien vu'〔나는 증언할 수 없다. 나는 아무것도 못 봤다〕. 이 경우 신정보의 계속성은 어휘 단위들의 의미, 시간 지표 표지, 직시와 조응 표지들의 의미에 의해 보장된다. 두 번째 방법은 문장 간 연결사, 부사나 접속사들을 사용하는 것이다. 'Je ne peux pas témoigner. **Car/puisque** je n'ai rien vu'〔나는 증언할 수 없다. 왜냐하면 나는 아무것도 못 봤기 때문이다〕. 세 번째 연결 방법은 다양한 반복 방식에 의존하는데, 같은 표현을 완전하게 반복하는 것으로부터 조응 대치를 사용하는 것까지가 있다. 'Je n'ai pas entendu **les témoins**. De toute façon, **les témoins/ils** n'étaient pas tous là'〔나는 증인들의 말을 듣지 못했다. 어쨌든, 증인들이/그들이 모두 있지는 않았다〕. 따라서 두 문장으로부터 여러 문장으로 가는 일련의 것 속에 의미작용을 배열하게 해 주는 언어적 연결 표지들의 집합이 있다. 그러나 그것은 종결이 아닌 연결 방법이다. 하지만 종결 없이는 어떤 의미적 통합도 없고, 따라서 정해진 어떤 의미도 안정적이지 않다. 한 언어 체계의 규칙들은 독자적으로 대화, 이야기, 소설, 선거 담화의 끝을 결정할 수 없다. 그리고 끝이 정해지지 않은 이상, 의미작용은 진화하고 해석은 재조정되어야 한다.

결론

의미의 교차점

언어와 언어활동

"의미는 의사소통하는 사람들이
사용할 수 있는 모든 여건들의 교차점이다."
에스파냐, 《불확실한 현실》
(Paris, Gauthier-Villars, 1985 : 201 인용)

이 의미론 여정의 끝에서, 언어적 의미작용에 대해 어떠한 결론을 내릴 수 있을까? 문장 · 발화 구조로서 단어들이 여러 유형의 의미 정보들을 다룸으로써 언어들에 고유한 의미작용을 만드는 데 공헌하는 것은 분명하다. 그리고 의미론자들은 마치 언어를 배우는 아이처럼 음운론, 형태-통사론, 어휘론, 의미론, 화용론 등 다양한 분야로 언어 분석이 분리하는 구성 성분들을 상호 작용 속에서 포착해야 한다. 이 상호 작용들 중 몇몇을 안다고 해도, 다른 것들은 여전히 모호하게 남아 있다. 어쨌든 의미론은 언어학의 내적 구분을 해체하고 다른 연결 분야들과의 외부 경계를 이동시킨다. 언어들 안에서 어떤 표현을 발견하는 의미작용들의 다양성 자체가 의미론자들로 하여금 통일된 방법으로 언어 의미를 설명하고자 하는 다양한 이론적 가설들을 형식화할 수 있게 해 준다. 일정 기간 논리-수학적 의미론에서 우세했던 진리 조건적 견해는 오늘날 쇠퇴하였다. 현재 정보 모델화와 인공지능에서 우세한 것은 정보 처리이다. 그러나 다양한 의미론 경향들의 기초가 되는 언어 의미의 자율성 공리는 인간 두뇌의 신경회로 활동에 연결된 하부 상징 단계를 도입하는 연결주의 모델에 의해 문제시되었다.

그래도 의미의 언어학적 접근 방법—혹은 접근 방법들—은 가능하고 필요하다. 우리는 수신 위치에 자리할 수 있는데, 이는 재현 행위와 재현 대상이라는 두 가지 성격의 비언어학적 좌표들에 연결된, 의미의 언어분석 모델 배치를 함축한다. 이 행위들의 연구는 언어학자, 심리학자, 사회학자들에게 동시에 관련된다. 이들은 각자 고유한 측면으로 행위들에 접근한다. 언어학자는 이 행위들을 표현하는 언어 형태에 관심을 갖고, 심리학자는 그 기능 · 기원 · 습득에 관심을 가지며, 사회학자는 사용의 집단적 규칙에 관심을 갖는다. 또 다른 가능한 언어학적 접근 방법은 생산이다. 이때에는 인간 언어의 다양성 속에서 언어들의 의미 조직의 여러 단계들을 조사하게 된다. 그런 목적으로 여러 단위들 사이에 의미 등가성을 만드는 데 도움이 되는 환언문들은 좀더 깊이 있는 연구의 가치가 있는 접근 방법이다. 하지만 환언문들은 관찰 가능한 의미들을 명백하게 하는 반면, 컴퓨터 모의 실험이나 모델화가 할 수 있는 것처럼 의미들이 어떤 구조에서 생기는지 보여 주지는 않는다.

이 실험 자료들로 의미론 언어학자는 이론적 탐구 방법을 설정한다. 의미론은 오늘날 어떤 경험적 적합화에도 따르지 않는

지나치게 많은 이론들이 점령하고 있다. 그러나 중요한 것은 촘스키가 말하듯이, "독단적인 선언을 하는 것이 아니라, 발견을 하는 것"이다.[106] 형식 의미론이나 인지 의미론의 몇몇 모델들은 이런 관점에서 볼 때, 사변에 빠지지 않고서도 경계가 잘 그어진 현상들의 집합을 밝힌다는 점에서 훨씬 풍요롭다. 의미 기술의 형식화된 다양한 방법들은 그것들이 부과하는 복수성 자체, 다양성과 엄격한 통제를 통해 언어학을 그 의미적 혼수 상태에서 벗어나게 했다. 다양한 방법들의 실패는 그 방법들이 부각시키는 제약과 한계, 방법들이 야기하는 새로운 가설들과 조사, 방법들이 비난하는 각 분야의 인식론적 격차에 의해 교훈적이기도 하다. 오늘날 의미론의 최소의 역설은 의미론이 의미작용에 대한 과학적 연구의 최초 목표를 달성하기 위해 의미론의 기초를 책임졌던 언어 의미의 자율성 공리를 최소한 부분적으로나마 포기해야 하는 것이 아닌가 하는 점이다.

현재 우리는 1988년 이 책의 초판 이후 부정할 수 없는 발전에도 불구하고, 언어 요소와 구조의 내부 의미론을 총체적으로 지배하지 못하고 있다. 관찰 가능한 자료 처리와 자료화의 새로운 정보화 기술, 그리고 의미론 연구의 증가에 따른 중요한 기술 지식은 특기할 만하다. 수학적 형식화의 진보, 두뇌 단층 촬영의 진보, 유전학의 진보는 생물학적 모델화와 발견을 이끌었고, 이러한 모델화와 발견은 인간의 인지활동 안에서 언어활

106 *Réflexions sur le langage*, 〈1975〉, Paris, Flammarion, trad. franç., 1981 : 57.

동의 역할을 더 잘 이해하게 하며, 뇌/정신으로부터 사고의 언어활동의 공상을 몰아내게 한다. "최소한 오늘날, 인간 두뇌의 달 위에 내딛은 첫발을 통해, 일의一意의 어떤 것도 결론지어지지 않는다"는 앤들러의 표명이 언어활동과 사고의 관계에 적용될 수 있다고 하더라도, 어떻게 단어의 의미가 비언어적인 기반에 근거할 수 있는지를 몇몇 뇌 영역들의 활동이 볼 수 있게 하는 한편 단어들의 조합 규칙들은 언어들의 역사에 일부분 연결된 문법 체계에 좀더 엄격하게 의존할 것이다.

생명론적 은유를 통해 단어들의 의미의 진보에 적용된 다윈주의의 후원 아래 1889년 탄생한 의미론은 그 후 옆길로 빠져 어휘적 · 문법적 구조의 공시적이고 형식적인 연구에 관여한 후, 언어활동와 인지를 인간 두뇌 안에 이식하고, 그럼으로써 인류 두뇌의 진보와 생리적 발전을 밝히는 신경계의 다윈주의에 귀착한다. 이런 일주는 브레알의 첫 의미론 이후 이어진 모든 여정뿐 아니라 언어들의 의미 구조, 역사적 공동체 속에서 사용과 관련된 교육적 틀과, 다른 한편으로는 언어활동의 두뇌 기능을 밝히는 진화의 생리학 자료들 사이의 유익한 상호 관계를 세우기 위해 택해야 할 남아 있는 길을 보여 준다.

■ 옮긴이 후기

이 책은 이렌 탕바Irène Tamba 교수의 *La sémantique*(PUF, coll. Que sais-je?, 2005)를 번역한 것이다. 탕바 교수가 1988년 초판을 낸 이후 거의 20년 만에 낸 이 다섯 번째 개정판은 여러 면에서 혁신적이다. 저자도 밝히고 있듯이 우선 편집상의 커다란 변화가 눈에 띈다. '크세주 총서'는 이전에 본문 안에 작은 글자로 포함했던 참고 자료의 인용 부분을 개정판에서는 각주로 처리함으로써 본문의 글자 크기를 단일화하고 독서의 흐름을 통일하였다. 내용 면에서는 1978년 이후 활성화된 인지 의미론을 대폭 포함하는 동시에 오늘날 의미론 연구들에 대한 현주소를 소개하고 있다.

1883년 브레알이 처음으로 "sémantique"라는 용어를 쓰고, 1897년 공식 학문으로 탄생된 이후 100여 년이 지난 오늘날 의미론은 하나의 학문으로서는 상대적으로 젊은 데 비해 수많은 이론들을 쏟아져 나왔으며, 이를 짧은 지면에 정리하려면 자칫 제목만 나열하게 되거나 조금 깊이 있게 다룰 경우 어느 한 경향으로 치우치기 쉬울 것이다. 탕바 교수는 의미론의 흐름을 크게 진화론, 구조주의, 형식문법, 인지과학 시기로 나누고 각 흐름별 주요 학자들의 연구 핵심을 찾아 일목요연한 파노라마를 우리에게 보여 준다. 의미론이 불과 100년 사이에 이처럼 다양화되었는데, 하물며 의미론이 탄생하기 훨씬 이전부터 학자들의 주요 논의 대상이었던 "의미"에 대한 생각들은 말할 것도 없이 복잡할 것이다. 하지만 저자는 언어학적 관점에서 의미 구조들을 깊이 있게 설명할 뿐 아니라, 폭넓은 시각들을 제시함으로써 의미론 연구자들에게 새로운 연구의 장을 밝혀 주고 있다.

탕바 교수는 저명한 의미론 학자인 동시에 일본어 학자로서 프랑스 파리 사회과학대학원(EHESS)에서 강의하고 있으며, 프랑스를 비롯한 유럽 그리고 일본을 오가며 왕성한 연구 활동을 펼치고 있다. 탕바 교수는 연구 활동 외에 제자들에 대한 남다른 열정을 가지고 있다. 이제까지 탕바 교수에게서 지도 받은 수많은 학생들이 프랑스는 물론이고 한국, 일본 등 각지에서 언어학 분야의 연구와 교육을 이어가고 있다. 역자도 이러한 인연으로 탕바 교수를 알게 되었다. 탕바 교수의 수업에서는 언어에 대한 폭넓은 관점들을 접할 수 있다. 자칫 동양이나 서양 한쪽 언어관에 치우치는 데서 올 수 있는 많은 문제점들에 대해 또 다른 시각을 제시함으로써 해결책을 모색하는 길을 열어 준다.

번역 작업을 통해 가장 많이 배우는 혜택을 받는 사람은 역시 번역자인 것 같다. 이 책을 번역하면서 많은 정보를 얻은 것은 물론이고, 의문이나 문제에 봉착할 때마다 저자에게 이메일로 질문을 했고 그때마다 저자는 자세한 설명과 함께 건투를 빌어 주며 번역 작업에 대해 고마움을 표시했다. 이런 과정을 거쳐 마무리를 지은 결과물이 의미론에 관심 있는 모든 분들에게 조금이나마 도움이 되기를 바라는 마음이다. 이 책은 독자의 필요에 따라 여러 방식으로 읽힐 수 있을 것이다. 우선 의미론을 처음 접하는 분들은 이 학문의 전체 테두리와 핵심들을 일별할 수 있을 것이며, 의미론 연구자들은 전체 속에 위치한 각자의 입장을 확인하고 다른 견해와의 비교를 비롯하여 특정 분야에 대한 심오한 탐색의 계기를 찾을 수 있을 것이다.

이러한 모든 노력이 결실을 맺을 수 있도록 기회를 주신 고려대학교출판부에 감사드리며, 세심한 배려와 수고를 아끼지 않은 편집실 관계자들께도 감사의 마음을 전한다.

2009년 1월
장인봉

■ 참고 문헌

Benveniste E.(1966, 1974), *Problèmes de linguistique générale*, I, II, Paris, Gallimard.

Bréal M.(1897), *Essai de sémantique*, Paris, Hachette.

Chambreuil M.(sous la dir. de)(1988), Paris, Hermès.

Chomsky N.(1972), *Questions de sémantique*, trad. franç., Paris, le Seuil, 1975.

Craig C. (éd.)(1986), *Noun Classes and Categorization*, Amsterdam/Philadelpia, J. Benjamins.

Cruse D. A.(1986, 1991), *Lexical Semantics*, Cambridge, Cambridge University Press.

Cruse D. A.(2000), *Meaning in Language : An Introduction to Semantics and Pragmatics*, Oxford, Oxford University Press.

Dehaene S.(1997), *La bosse des maths*, Paris, Odile Jacob.

Ducrot O.(1984), *Le dire et le dit*, Paris, Minuit.

Edelman G.(1992), *Bright Air, Brillant Fire : On the Matter of Mind*, trad. franç., *Biologie de la conscience*, Paris, Odile Jacob.

Greimas A.-J.(1966), *Sémantique structurale*, Paris, Larousse.

Guiraud P.(〈1967〉, 1986), *Structures étymologiques du vocabulaire français*, Paris, Payot.

Jackendoff R.(2002), *Foundations of Language, Brain, Meaning, Grammar,*

Evolution, Oxford, Oxford University Press.
Jakobson R.(1963), *Essais de linguistique générale*, Paris, Minuit.
Kleiber G.(1990), *La sémantique du prototype. Catégories et sens lexical*, Paris, PUF.
Lakoff G.(1987), *Women, Fire and Dangerous Things. What Categories Reveal about the Mind*, Chicago/London, The University of Chicago Press.
Langacker R.(1987), *Foundations of Cognitive Grammar*, vol. I : *Theorical Prerequisites*; 1991, vol II : *Descriptive Applications*, Standford, Standford University Press.
Lappin S.(1996), *The Handbook of Contemporary Semantic Theory*, Oxford, Blackwell Publ.
Lyons J.(1977), *Eléments de sémantique*, trad. franç. Paris, Larousse, 1978.
Lyons J.(1978), *Sémantique linguistique*, trad. franç. Paris, Larousse, 1980.
Martin R.(2001), *Sémantique et automate*, Paris, PUF.
Mauro T. de(1969), *Une introduction à la sémantique*, Paris, Payot.
Mel'čuk I., A. Clas, A. Polguère(1995), *Introduction à la lexicologie explicative et combinatoire*, Louvain-la-Neuve, Duculot.
Nyckees V.(1998), *La sémantique*, Paris, Belin.
Pottier B.(2000), *Représentations mentales et catégorisations linguistiques*, Louvain, Peeters.
Pustejovsky J.(1995), *The Generative Lexicon*, Cambridge, The MIT Press.
Rastier F.(1991), *Sémantique et recherches cognitives*, Paris, PUF.
Rey-Debove J.(1978), *Le métalangage*, Paris, Robert.
Sperber D., D. Wilson (1986), *La pertinence. Communication et cognition*, trad. franç., Paris, Minuit, 1989.
Tamba-Mecz I.(1981), *Le sens figuré*, Paris, PUF.
Taylor J. R.(2002), *Cognitive Grammar*, Oxford, New York, Oxford University Press.
Touratier C.(2000), *La sémantique*, Paris, A. Colin.
Victorri B., C. Fuchs(1996), *La polysémie. Construction dynamique du sens*, Paris, Hermès.
Wierzbicka A.(1985), *Lexicography and Conceptual Analysis*, Ann Arbor,

Karoma Publ.

Dictionnaire des sciences cognitives(2002), dir. G. Tiberghien, Paris, A. Colin.
Le langage(1968), éd. A. Martinet, Paris, Gallimard, "Encyclopédie de la Pléiade".
Le langage(1973), éd. B. Pottier, Paris, Retz, CEPL.
Nouveau Dictionnaire encyclopédique des sciences du langage (1995), dir. O. Ducrot et J.-M. Schaeffer, Paris, Le Seuil.
Logique et connaissance scientifique(1967), éd. J. Piaget, Paris, Gallimard, "Encyclopédie de la Pléiade".

이렌 탕바

프랑스 파리 사회과학대학원(EHESS) 교수
저서 《비유적 의미*Le sens figuré*》를 포함하여, 의미론과 일본 언어학에 대한 백여 편의 논문이 있다.

장인봉

이화여대 불어불문학과 졸업
프랑스 파리 사회과학대학원(EHESS) 언어과학박사
파리 국제 동양어대학(INALCO) 한국어과 전임강사
현재 이화여대 인문과학대학 불어불문학전공 교수

고려대학교 교양총서 8

의미론

초판발행 2009년 3월 10일
초판 1쇄 2009년 3월 10일
지은이 이렌 탕바
옮긴이 장인봉
펴낸곳 고려대학교출판부
www.kupress.com
kupress@korea.ac.kr
136-701 서울특별시성북구안암동
02-3290-4230, 4232
Fax 923-6311
찍은곳 한국컴퓨터인쇄정보

ISBN 978-89-7641-677-3 94760
ISBN 978-89-7641-615-5 (세트)
값 8,000원